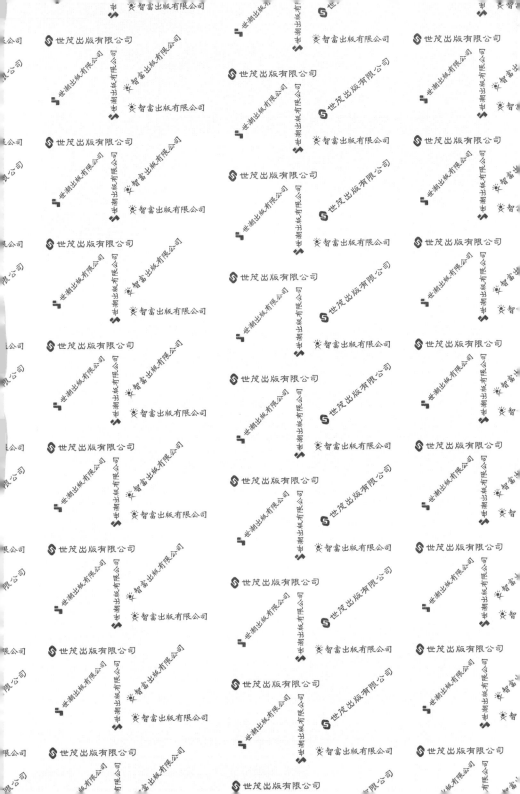

宇都出雅巳____著
李喬智____譯

零秒速讀法

ゼロ秒勉強術~最短で受かる! 世界一シンプルな試験合格法

打破「精讀」幻想,教你
跳躍閱讀、高效率的讀書法!

前言
「零秒速讀法」究竟是什麼？

「零秒速讀法究竟是什麼呢？」
「該不會是只花零秒來讀書也可以考試及格的方法吧？」
「以前有本書叫做《零秒思考法》，所以這是應用在讀書方面的版本？」

我想，你大概也是對於「零秒」這個詞抱持著相當大的興趣，所以才來閱讀這本書的吧。

所謂「零秒速讀法」中的「零秒」，究竟是什麼意思呢？

其實，本書所指的「零秒」，具有四大意義。我先就此做個簡單的說明。

第一是「零秒解答」。

目標是要讓自己在正式考試之前，能夠達到「一看見問題就能馬上解答，或是馬上想到相關聯的知識」這樣的狀態。換句話說就是「我覺得這題的答案就是〇〇……」能在思考同時立刻提筆寫下正確答案。不是對答案不確定，好像知道又好像不知道的曖昧狀況，而是立刻就能夠成功解題。

在考試的範圍之內，要讓全部的問題與知識都呈現這樣的狀態，或許是天方夜譚，然而將「零秒解答」運用在基本的問題及知識上，是讓自己邁向及格的最低條件，同時也是最短的距離。

為什麼呢？因為這是考試及格最有效，且效率最好的方法。詳細內容將在第一章深入說明。

第二是「零秒閱讀」。

這可以說是「零秒速讀法」的核心重點。具體來說是「考古題及講義該如何讀」的閱讀方法、讀書技巧。

準備考試，讀書是最不可或缺的事，而且看書的時間肯定比例最高。然而，基本上「看書」的時間還包含了許多無謂的浪費。

大家知道是什麼樣的浪費嗎？

那就是「思考的時間」以及「意圖理解的時間」。

或許你會覺得「才不會，那非常重要，是必須要付出的時間吧。」但事實上再也沒有比這個效率更低的了，浪費的時間根本難以得到回報。把停頓下來思考以及意圖理解的時間變成「零秒」，就是零秒閱讀的精髓。

這樣的讀書方法真的能在考試時拿到及格的分數嗎？我想應該很多人會有類似的疑惑。詳細內容將在第二章及第三章深入說明。

第三是「零秒測驗」。

這個讀書方法是要讓你在正式考試之前，能以「零秒」的時間檢視自己記憶以及理解的狀態。

雖然說是「測驗」，但事實上並不是像模擬考那樣嚴謹的考試，或許該說是「確認」還比較接近。每天在讀書的過程中，隨意且大量地對自己進行測驗。詳細內容將在第四章深入說明。

最後就是「零秒立讀」。

當然，這裡所指的並不是讀書的時間為「零秒」，而是讓你從準備到正式開始讀書為止，只需要「零秒」的方法。

你可以馬上就開始讀書嗎？可以立刻讓自己進入讀書的狀態嗎？

很多人都會嚷嚷著「沒有時間讀書」，但是卻沒想過從你想著要看書開始，到真正進入狀況之間，浪費了多少無謂的時間。

如果可以把這些時間變成「零秒」完成，那麼即使是馬不停蹄的大忙人，也可以擁有充裕的讀書時間。詳細內容將在第五章深入說明。

重視學校教育所欠缺的「速度」

那麼，讓我稍微解釋一下「零秒速讀法」吧，準備好了嗎？

「零秒解答」。

「零秒閱讀」。

「零秒測驗」。

「零秒立讀」。

以上的任何一點，就一般的讀書常識來說，應該都會覺得「咦？什麼啊？」不過其實，這是理所當然的事情。我們一直以來所使用的傳統學習方法，說起來都是從小學就根深蒂固。而學校教育的學習方法，缺少「零秒」所代表的快速，也就是沒有意識到速度的重要性。

快速、徹底展現速度感，不無端浪費時間的學習方法，就是「零秒速讀法」！以學校的教育觀點來看或許有些不合常理，但從處理及思考工作事項的角度來看，應該可以看得出哪一個才是效果出眾且效率絕佳的方法吧。

雖然到終章才會提到，但我想說的是，在準備考試時懂得運用「零秒速讀法」，將會讓你在職場工作上的應對進退及思維模式都變得效果更好、效率更佳。不只是應付考試的讀書，就連學校課業、工作，甚至是整個人生，都會產生劇烈的改變。

所以別再等待，現在就用「零秒」的時間擁抱這個好方法吧！

第1章　零秒解答

目標在即刻解答、答案立即浮現

第2章 零秒閱讀．理論篇

「不要意圖理解」——一直看下去，中途不停頓

第3章 零秒閱讀．實作篇

即使不懂也要先跳過，中途不停頓

第4章 零秒測驗
即時回饋，快速確認讀書效果

第5章

零秒立讀

無論何時何地，立刻就能開始讀書

終章 從「零秒速讀法」到「零秒工作法」

序　章

「跳躍式閱讀」快速記憶、深刻理解

真的可以用速讀來準備考試嗎？

「零秒速讀法」的核心重點，就是「零秒閱讀」，閱讀可說是背誦的基本功，兩者息息相關。

詳細的內容會在第二章及第三章深入解說，但簡單來說這就是把停下來沉吟思考的時間化為「零秒」的讀書方法，而非「意圖理解」不明白的事物。

以傳統的學習方法來說，在面對不明白的地方時，不只看書的速度會變慢，還會在同一個地方停下來反覆翻閱，直到感覺好像讀懂了為止，對吧。

相對來說，運用「零秒速讀法」，一旦碰到不明白的地方，不僅不會放慢速度或停下來，反而是刷刷地跳著翻閱過去。

這就是所謂的「跳躍式閱讀」。

看到這裡，應該有很多人會覺得「這種任意妄為的讀書方法，真的可以讓考試及格嗎？」

在使用事典或字典查詢自己想知道的知識時，必須要好好深入研究才能讀懂。還有商業書籍或實用類書籍等等，都必須根據自己的目的，針對特定的範圍深入研究。

跟這些狀況一樣，準備考試必須要詳加記憶與理解，所以不可能用跳躍式閱讀。我想，大部分的人應該都認為必須要慢慢地、一字一句仔細地讀才行。

然而，事實上在面對考試之類的狀況，越是有必須好好記憶與理解的地方，或是讀書的內容屬於未知的領域、太過艱澀等等，反而越需要用上跳躍式閱讀的技巧。

因為現代社會對於跳躍式閱讀抱持著許多偏見，大家都相當抗拒，因此我斗膽在此先將「為什麼準備考試必須用跳躍式閱讀？」以及「在面對未知的領域或艱澀的內容時，跳躍式閱讀依舊有效嗎？」這兩點提出來加以說明。

重點有以下三個部分：

①作者與讀者在資料庫上（知識、經驗、記憶）的差異。

②思考與邏輯的差異。

③文章內容與大腦理解結構的差異。

首先讓我們從第一個「資料庫（知識、經驗、記憶）的差異」來開始看起。

忙於經營企業卻仍舊熱愛閱讀的人非常多，其中最知名的莫過於LIFENET INSURANCE COMPANY會長兼執行長的出口治明先生。出口先生出版過多本與世界史相關的書籍，以讀書的方法為主題的著作也不少。

在出口先生的著作之中，曾出現「就連一行字也不能用跳躍式閱讀的方式去看！」這種措辭強烈的話語，對跳躍式閱讀抱持否定的態度。

出口先生認為，作者所撰寫的書稿，會呈現作者思考的過程，因此讀者若是想要體驗作者的思路、追上思維的路線，就必須要照著順序細細品味內文。

你現在所閱讀的，正是我所撰寫的文章，而我的確也是一邊努力思考著如何用更易懂的方式傳達出我的想法，一邊將內容寫下。

然而，我認為即使你再怎麼照著順序從頭開始翻閱內容，慢慢地、仔細地，就連「一行都不能跳過」地閱讀，恐怕也沒有辦法體會到我的思考脈絡。頂多只能了解我所想要傳達的觀念而已。

原因是就算我們所看的都是我所寫的文章，但你和我所擁有的資料庫（知識、經驗、記憶）卻是大不相同的。

錯誤的「資料庫」會妨礙理解

所謂的「資料庫」，就是你所擁有的知識、經驗與記憶。我們都是以此為工具去理解書本的內容。

現在你正看著這本書的文章，並理解相關內容，都是基於你在語言文字上所建立的資料庫，也就是你腦中儲存的知識、經驗與記憶。

如果沒有這些工具，就沒辦法閱讀文章。

即使大家看的是同一篇文章，不管看得多麼緩慢、仔細、認真，「一行都沒跳過」，但因為讀者的資料庫（知識、經驗、記憶）與作者的並不相同，所以不僅無法創造相同的體驗，更難以達到同等程度的理解。

當然，認真且仔細地閱讀文章是非常重要的事。但是，在理解內容方面同樣也占有重要地位的關鍵，就是「資料庫」。

把重點放在作者與讀者的「資料庫」落差，想辦法多多少少弭平彼此的差異，並增加共通之處，這是為了幫助讀者理解不可或缺的步驟。而達到此一目標的必要工具，就是跳躍式

閱讀。

在進行跳躍式閱讀的時候，首先要看的是已經理解，或是自己感興趣的部分。

如此一來，可以很快理解眼前這本書的主題是什麼，作者想要傳達的重點是什麼。同時對於看不懂的文字以及作者的措辭用語，也可以變得熟悉一些。總之就是先將這本書所使用的「資料庫」儲存下來。

藉此將資料庫儲存下來之後，再使用這些存下來的資訊來閱讀內容。重覆地進行跳躍式閱讀，可以有效地儲存資料，如此一來不僅能逐步向作者的資料庫靠攏，同時更能幫助自己理解內容。

思想及邏輯是另外一回事

第二個重點是「思考與邏輯的差異」。

作者與讀者的資料庫並不相同

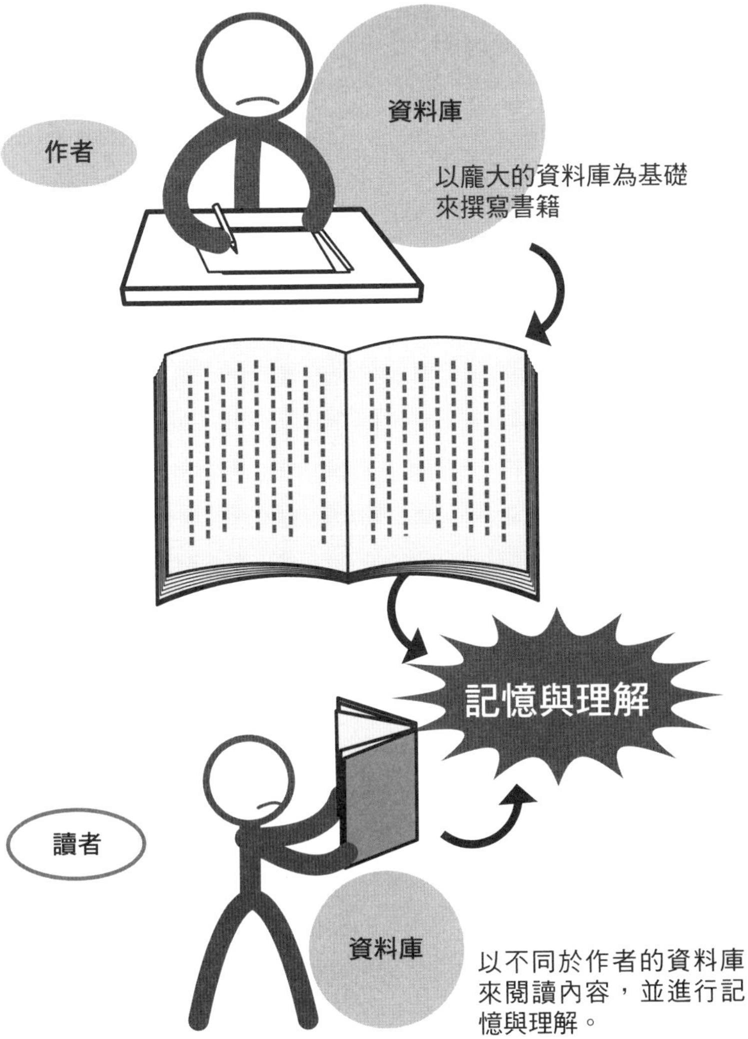
作者
資料庫
以龐大的資料庫為基礎
來撰寫書籍
記憶與理解
讀者
資料庫
以不同於作者的資料庫
來閱讀內容，並進行記
憶與理解。

有很多人遇到不懂的地方，都會停在那個點慢慢地看，而且重覆看好幾次，直到感覺自己好像理解了，對吧。

此處所需要仰賴的是「邏輯」。照著文稿的順序從頭開始看起，仔細地鑽研內容、掌握重點，並讓自己理解，這就是所謂的「思考」。

因此，就如同出口治明先生所說的，為了忠實重現作者的思路及思緒，「就連一行字也不能用跳躍式閱讀的方式去看」。

然而，事實上就想法來講，思考與邏輯並不相同。

著名的哲學家——東京大學研究所野矢茂樹教授，曾撰述多本邏輯學方面的著作，他曾經寫道：

「我們常會聽到『邏輯的思考力』、『logical thinking』之類的用語，這表示我們一般會有『認為邏輯等於思考』的傾向。但是，這裡其實存有誤解。邏輯性的思維的確可以幫助我們推展思考，然而邏輯力並非就是思考。

思考會用『閃現』（跳躍）的方式抵達最後的終點。（中間省略）……因此思考的本質是跳躍且自由的，邏輯所負責的工作也不是這個。

邏輯說起來是在思考閃現之後必須要用到的工具。當我們在思考閃現得到結論後，為了讓每個人都能夠理解，就必須拋開這個閃現的過程，重新加以建構，並且盡可能避免用跳躍的方式進行。為什麼會得到這樣的結論呢？我們必須向還不理解這個結論的人們做出詳細的說明。

（中間省略）

我們不能讓思考的脈絡以原本的樣貌面世，而是要盡可能頭尾貫徹、減少跳躍，並以容易理解的方式來呈現出來。這時，就必須用到邏輯。」

——《新版 邏輯訓練》日本產業圖書出版／日文版／P1～2

雖然引用的內容有點長，但我想讀者們應該都能理解「從頭開始照順序閱讀書籍，並不代表是跟著作者的思考脈絡前進」這件事了吧？

說到底，書裡所寫到的文章，其表現方式都是作者在全盤理解之後，用讀者較容易理解的方式所整理出來的。

當然，因為作者撰寫內容的方式是為了讓讀者好懂，因此照著順序閱讀並加以理解，是必要且效果最好的，這是事實。

但是，就如同第一點所提到的，作者與讀者的資料庫並不相同。況且，書本的文章所呈現的只是作者說故事的方式，而非思考的脈絡，所以為了理解內容，讀者並不一定要強制性地照著文章的順序閱讀。

大腦覺得「搞懂了！」的過程

更有甚者，為了讓讀者理解而拘泥於文章的邏輯，反而容易造成「妨礙理解」的危險。這是因為思考的本質是「跳躍且自由」的，而且「這並不是邏輯所負責的工作」。

思考並不一定等於理解，不過作者的「跳躍性思考」，這種理解了某件事的體驗，在某種程度上來講就是所謂的「搞懂了！」也就是「頓悟體驗（Aha Experience）」。

因此，讀者在理解的過程中，或多或少應該會伴隨著這種「跳躍性思考」及「頓悟體驗」。此時，就需要「跳躍及自由」登場。這時候，如果教大家要用「邏輯」來閱讀眼前的文章，並且拘泥於前後順序，甚至「就連一行字也不能用跳躍式閱讀的方式去看」，反而會造成妨礙。

事實上，所謂的理解，是我們所擁有的記憶互相串聯結合所得來到結果。

也就是說，書裡的內容與讀者的資料庫（知識、經驗、記憶）互相「串聯結合」之後，就會帶來「搞懂了」的結果，並藉此來達到理解的狀態。

當然，「邏輯」是「文字與文字的串聯」，因此順著邏輯而產生結合的情況的確有可能發生。不過，那只是產生串聯結合的其中一個選項罷了。

為什麼跳躍式閱讀可以幫助理解內容呢？

停留在不懂的地方，重覆閱讀相關內容，充其量也只是在那個狹窄的範圍內尋找串聯結合的要素。與其如此，倒不如別拘泥在不懂的地方，跳著看過去，有可能反而會在其他章節找到串聯結合的關鍵。

事實上，先前引用野矢教授的著作，在提到「邏輯力」時還作了以下說明：

「（前略）在諸多的語言能力之中，邏輯力是探索文字與文字之間的關係時（好比說一個文字如何與其他文字產生連結等等），特別重要的能力。一般來說，邏輯力會被當成是串聯根據與結論的能力，也就是看懂論證之後，自己重新組合構成的能力，但事實上並非如此而已。當我們在傾聽他人說話時，稍早所說的話與剛剛說的話之間有什麼相互關係，掌握話語前後關係的能力，也屬於邏輯力的一部分。另外包含論文、報告書，或是整本書籍之中，某部分的內容應該放置在什麼樣的位置？與整體內容之間的關係又是如何？這些都只能靠邏輯能力來處理。」

——同前書／P2

覺得如何呢？為了理解不懂的地方，於是在狹窄的範圍內絞盡腦汁、重覆閱讀，企圖探索找出其中的邏輯，並讓自己看懂，這麼做反而會讓人無法發揮邏輯能力，閱讀範圍也難以擴大，甚至還會對掌握「書籍整體與部分內容之間的關係」造成困擾。

為了讓「跳躍且自由」的思考本質，以及掌握「書籍整體與部分內容的關係」所需的邏

作者的「搞懂了」到讀者的「搞懂了」

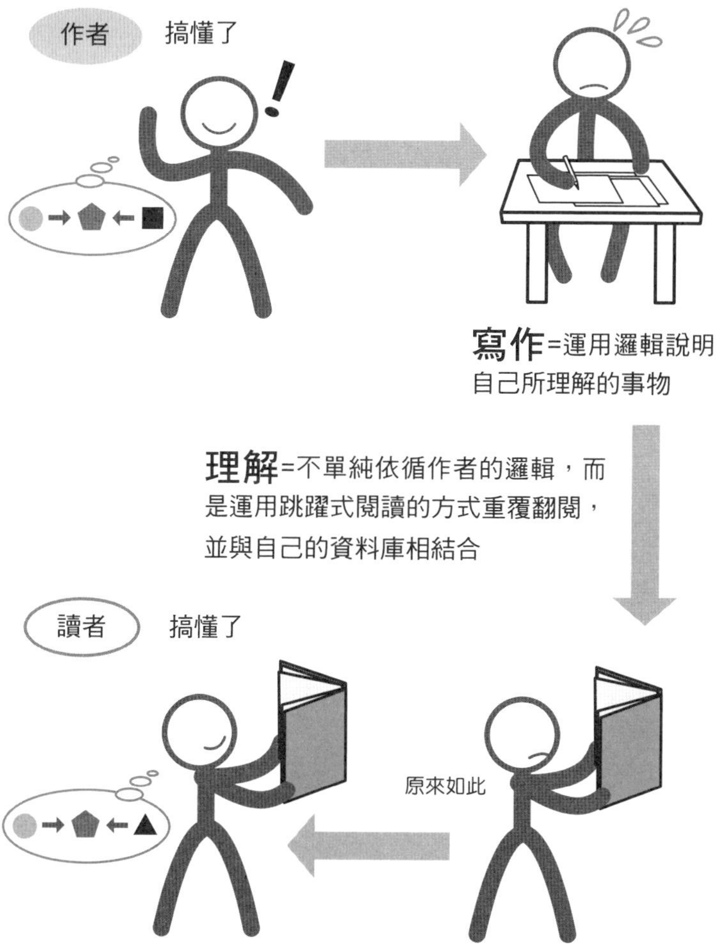
作者
搞懂了
寫作=運用邏輯說明自己所理解的事物
理解=不單純依循作者的邏輯，而是運用跳躍式閱讀的方式重覆翻閱，並與自己的資料庫相結合
讀者
搞懂了
原來如此

為了達到「搞懂了」的狀態，
「跳躍且自由」的思考是必要的。

輯能力，都能夠充分發揮，跳躍式閱讀絕對有必要列入閱讀方法的選項之中，原因我想大家應該都能夠理解。

內容是「一條線」，但在大腦裡卻是「網狀」

那麼接下來要談的是第三個重點，就是「文章內容與大腦理解結構的差異」。

所謂的文章，事實上就像是「一條線」，直直地從前方照著順序串接而來，對吧。本書的內容也是如此。語言的誕生原本就是為了用來作為口語表達使用，所以這也可以說是難以抗拒的宿命。

以專業用語來講，這就叫做「線性」，語言基本上是無法逃脫「一條線」的構造的。

從另外一個角度來看，當我們在理解文章內容的時候，大腦的構造呈現什麼狀態呢？

大腦是由神經元所構成，也就是神經細胞所組成的網狀「網路」。這樣的構造絕不是一條線就能串聯起來的。

就大腦的結構來說，當我們在理解某項事物時，是不是也不應該照著順序用一條線的方式來閱讀及整理呢？

事實上，即使我們理解內容，並以此為根基留下記憶，整體來說還是會像金字塔的階級構造一樣，一開始只能概略地處理。細節之處則必須依靠重覆翻閱加深記憶，才能夠真正做到記憶與理解。

例如要說明某件事的時候，與其說「重點有三個」，還不如一開始就先揭示大框架，之後再接著一一闡述細節，這麼一來會更容易記憶與理解。

顧問公司在整合企劃或各項資料時，常會使用「金字塔結構」，我想這應該是眾所周知的事情。

儘管文章的結構是由「一條線」所構成，但是記憶與理解的構造卻不是「一條線」，而是「階層分明」、「立體化」狀態。

文章及大腦的構造大相逕庭

「文章」呈現一條線的狀態

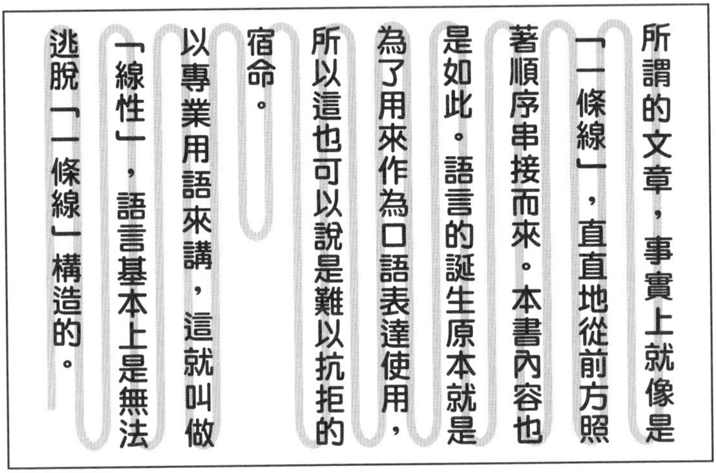
所謂的文章，事實上就像是「一條線」，直直地從前方照著順序串接而來。本書內容也是如此。語言的誕生原本就是為了用來作為口語表達使用，所以這也可以說是難以抗拒的宿命。以專業用語來講，這就叫做「線性」，語言基本上是無法逃脫「一條線」構造的。

「大腦」呈網狀

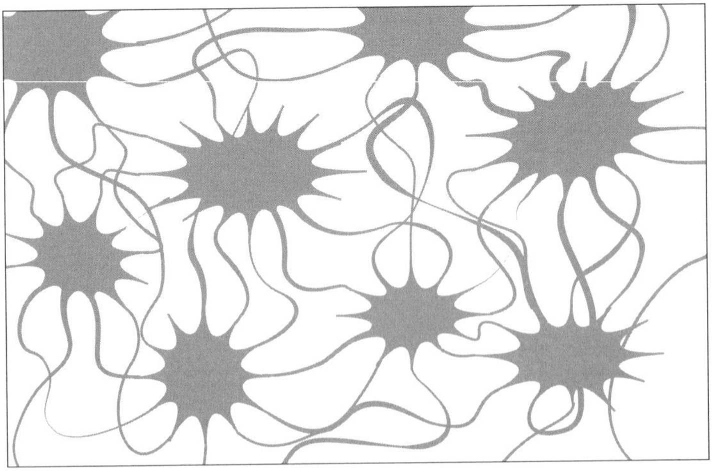

因此進一步來說，文章內容的呈現方式，就要符合記憶及理解的構造，整理成「階層分明」、「立體化」的狀態。

就你的學習經驗來說，應該沒有任何知識不需要經過「階層分明」及「立體化」這兩種方式的洗禮。

總而言之，文章的結構是「一條線」的狀態，但卻得要呈現出「階層分明」且「立體化」的內容，這可以說是互相矛盾的。

以文章構造而言，所有文章都是按照一條線的方式所寫成，所以從頭開始依序看起，並認為這麼做可以幫助理解，就文章結構的角度來看的確是正確的。然而說到底，這應該是當我們在翻閱文章的時候，在不知不覺間受到結構的牽引，進而下意識地採行了這樣的閱讀方式。

如果我們所閱讀的是小說之類的故事書，那麼一開始就從頭依序看下去是最普遍的方式，並且文章的結構與內容的呈現方式是一致的，所以完全不會產生任何問題。

我想或許小說家就是料想讀者會從頭開始依序閱讀，所以才會配合這樣的模式，努力撰寫出能將讀者引進小說世界之中的文章，照這個說法，從頭開始依序閱讀的方式是對的。

但是，你所學習的、讀的，並不是故事，而是知識。為此，這種從頭開始依序閱讀的方式，就有可能不是那麼適當。

運用跳躍式閱讀的方式，先將已經理解的地方抓出來，同時概略地掌握大致輪廓，接著一遍又一遍地重覆閱讀，同時不斷修正，藉以慢慢地深入細微之處，這可以說是讓大腦或記憶與理解的構造，與文章所呈現的內容構造相符的閱讀方式。

事實上，面對「一條線」的文章結構，還有文章所呈現出來的「階層分明」且「立體化」的內容相互矛盾的狀況，人們總是能想到解決之道。

解決方式之一是運用「連接詞」，另外一個方式則是「書籍」。

連接詞可以讓內容變得更加立體

聽到「連接詞」，你是不是都會眼睛為之一亮？

比方說，我們經常會使用「然後」、「但是」、「總之」之類的連接詞。此時此刻所使用的「比方說」，也是其中之一。

只要用了「比方說」這個詞，後面就可以開始寫出具體的例子。

也就是說，「比方說」是階層分明的構造，能幫助文章內容以更加細膩的形式呈現出來。

前面這一句所使用的「也就是說」，基本上也是屬於連接詞。

不過它的作用是幫助文章內容往「比方說」的相反方向進行，可以在統整抽象結論時使用。

除了「也就是說」之外，其他像是「重點在於」或「簡而言之」等用語，雖然稱不上是連接詞，但卻都具有同樣的作用。

另外，為了讓讀者更容易理解，我們也常會用「第一」、「第二」之類的方式將順序標示出來，讓構造一覽無遺，也就更容易看懂。

承上所述，連接詞及作用相同的準連接詞，可以讓「一條線」的文章構造產生立體化效果，讓讀者更容易理解。

不妨反過來想，「如果連接詞消失了會怎麼樣呢？」試著將連接詞刪掉再閱讀文章內容，那麼連接詞的作用你就能看得非常清楚。

「書籍」是為了讓人理解而存在的連接埠

像連接詞一樣，能夠讓內容變得立體的工具，就是「書籍」。當然模擬題本和講義也包含在範圍之內。

請思考一下，關於匯集「主題」或「大標」等資訊的「目錄」。

這些資訊所呈現出來的都是立體的金字塔結構。在一條線所構成的文章之中，加入主題或大標，大腦就會變得更容易理解內容。

就像前述完全沒有連接詞的文章一樣，請試著想像一下沒有主題或大標的書籍。是不是覺得很難閱讀、很難理解呢？

另外，「前言」及「後記」也肩負重大責任——讓書籍內容變得更加立體、更加容易理解，因為兩者都可以簡短且俐落地彙整書中概要，以及作者想要傳達的主張。

書籍這個媒體，會將內容整理成讓大腦構造容易理解的形式，進而化為幫助我們理解的連接埠，因此可以說是非常優異好用的工具。

只要我們能夠修正連接詞或書中「大標」及「主題」的真正功用，那麼即使文章是以一條線的方式寫成，也可以讓內容呈現立體感。再者，為了幫助我們理解內容，在閱讀時應避免採取從頭開始依序閱讀的方式，而要朝著具立體感的方向去看，這樣想必更能夠感覺到效果。

因為文章是以一條線的形式寫成，所以依序閱讀並非好事，反而應該活用跳躍式閱讀的方式，藉以將焦點放在「連接詞」、「大標」、「主題」、「目錄」等處，讓大腦或文章的呈現方式能夠變得立體，如此一來對於內容的記憶與理解會更有幫助。

意識到「三大差異」，就能做到跳躍式閱讀

看到這裡，你有什麼想法呢？

對於使用跳躍式閱讀的莫名抗拒，是不是已經漸漸消失？

①作者與讀者在資料庫上（知識、經驗、記憶）的差異。

②思考與邏輯的差異。

③文章內容與大腦理解結構的差異。

由於這三大差異一般是看不出來的，所以往往很難自己察覺，有很多人都忽略了這些差異，並且一直認為都是一樣的東西。

正因為如此，所以就連最顯而易見、最明白不過的文章，放在眼前時大家還是會用一條線的結構來閱讀。為了讓自己能夠理解，不知不覺就會放慢速度，仔細地從頭開始依序翻閱。當然，「就連一行字也不能用跳躍式閱讀的方式去看」這句話，會讓人產生強烈的執

著，這也是原因之一。

然而，得知這三大差異的你，早已不是原本的那個你。將你的目光投注到作者與讀者迥然不同的資料庫上，你就會懂得要盡其所能地替自己累積資料。

再者，因為知道思考與邏輯的差異，你就不會拘泥於文章的順序，反而會在閱讀時運用「跳躍且自由」的思考模式，讓「搞懂了」能「一閃而現」。

最後，你也不會再用顯而易見的一條線模式來看文章，而是會在閱讀時抓住內容的立體性及階層性。

如此一來，你的閱讀方式必然就會變成跳躍式閱讀。

當然，所有的文章都是作者為了讓他人更容易理解自己的主張而努力寫成的，就連我也是如此，現在我也抱持著這樣的態度在撰稿。因此，如果能讓人輕鬆閱讀，讀者自然就會順順地把文章看完，這就是理解內容的捷徑。

如果內容無法讓人看得很輕鬆，那還是可以運用跳躍式閱讀的方式累積資料庫，直到讓自己足以理解內容。因此，無論是在哪一個狀態下，只要好好閱讀內容，就能正確地理解我所想要表達的想法。

但所有的關鍵重點，都在於資料庫。如果在缺乏資料庫的狀態下閱讀，那麼讀得再辛苦也不會得到回報。所以請利用跳躍式閱讀，讓自己有效累積資料庫吧。

邁向「零秒」的世界！從「精讀幻想」中覺醒

然而，即使你認為自己已經全部都懂了，還是不能只靠一兩次的跳躍式閱讀就拿到高分。為了掌握正式考試所需的細微記憶與理解，採用跳躍式閱讀大量地「重覆翻閱」是必要的。

「零秒速讀法」的跳躍式閱讀，也就是我所說的「零秒閱讀」，其形式就是幾十次，甚至是高達幾百次的重覆閱讀。

「什麼嘛……如果要看那麼多次，那比起跳躍式閱讀來說，還不如仔細地精讀比較有效率吧？」

或許有人會這麼想吧。因為你會認為，如果真的得要讀那麼多次，那乾脆就選擇用「精讀」來面對，雖然辛苦些，但至少次數可以少很多，對吧。

可是，有這種想法的人，其實反而是陷入了「精讀幻想」的陷阱之中。

所謂的「精讀幻想」，所指的就是幻想自己「慢慢地仔細讀書，就可以好好地記憶與理解內容」。說不定你也正深陷於這樣的幻想中。

在本篇序章中，我藉由「三大差異」點出跳躍式閱讀為什麼有效的原因，簡而言之就是「即使你慢慢地仔細讀書，也無法好好記憶與理解內容」。這個說法我想你應該能夠接受。

然而，因為慢慢地仔細讀書，可以讓人輕鬆得到「我看完了！」「我學會了！」之類的真實感及滿足感，所以想要從「精讀幻想」中覺醒，說起來著實不易。

為了讓自己從這種幻想中覺醒，就得要將以跳躍式閱讀為主的「零秒速讀法」，真正付諸施行，因為慢慢地仔細讀書的「精讀」法，只會讓你體驗到徒勞無功的感覺而已。

看到此處，相信你對於跳躍式閱讀的抗拒感已然全都消除，且已經做好了進入「零秒」世界的準備。

那麼，現在就邁向「零秒」的世界吧！

第 1 章

零秒解答

目標在即刻解答、答案立即浮現

準備考試所想要達成的目標是什麼？

一開始，有個問題想請教正在準備考試的你。

「你每天在準備考試的過程中，目標是要讓自己達到哪一種狀態呢？」

每當接到準備考試的相關諮詢，我一定都會在一開始就提出這個問題。這是一個相當關鍵的問題，攸關自己能不能做好考試的準備，因此請務必好好思考一下。

「咦？我是以考試及格為目標啊……」或許你會這麼回答吧。

理所當然地，準備考試的目標就是要考及格啊。

可是，為了要達到目的，你應該要讓自己達到什麼樣的狀態呢？

換句話說，就是你打算讓自己在真正上考場受測的那一天，呈現出什麼樣的狀態呢？

「應該是讓自己達到可以取得及格分數的狀態吧。」

可能有人會用這樣的方式回應。

或者，「正式考試時會考得怎麼樣還不知道，所以在現在這個時間點我也沒有什麼具體的想法。總之努力讀書就對了！」會這樣想的人應該也不少。

稍微具體一點回答讀書的時間，說自己「一天將讀書十個小時以上」的人也很多。

不過，**針對「努力讀書」、「每天讀書〇〇小時」等等的話語，如果我們反過來思考，就會發現裡頭並沒有明確提及講義或是模擬題本要看到什麼程度。**

對於手上正在處理的講義或模擬題本，你打算做到什麼程度呢？

關於要做到什麼程度這個問題，一開始你一定是想說完成度要達到百分之百吧？

在此，請讓我再問一個問題。

「把所有的講義都看完，就可以說自己已經準備好了嗎？」

「將模擬題本的所有問題都解答過一遍，就可以說自己已經準備好了嗎？」

我想，應該幾乎沒有人會直接爽快地回答「沒錯」。因為就算是把講義都看完了、把模擬試題的問題都解過了，也無法判斷自己是不是已經達到考試能夠及格的程度。

「所以才要接受模擬考，或是擬出一些預設問題，藉以評判自己的實力落在什麼程度不是嗎？」

應該有人會這麼說。

那麼，為了讓自己在模擬考或是預設的問題中，能夠拿到及格的分數，每天在題本及講義方面的鑽研，要提升到什麼狀態才可以呢？

模擬考或預設問題，或許的確可以幫助我們判斷自己的實力。

然而說到底，因為當下所準備的問題集或講義內容究竟如何？自己該準備到什麼樣的狀態？這些問題都沒有明確答案，只能讓自己憑著鬥志，告訴自己「無論如何就努力讀書、努力解題吧」！

為了要讓這種「總之就讀吧」的心態，轉變成努力就會有所回報的讀書方式，我們有必要讓目標「明確化」。

那麼，我換個方式問。

「你每天努力鑽研講義、做模擬試題，究竟是以什麼狀態為目標呢？」

只是「讀完了」、「都解出來了」沒有辦法及格

「目標應該是把講義全部看完，甚至所有相關書籍的內容也都看懂並牢記。另外在模擬題本方面，所有題目都必須能夠輕鬆解答。」

這樣非常棒。但是，即使如此還是有所不足。因為漏掉了最重要的關鍵因素。

那就是「速度」。

即使考試範圍全都懂了，都牢記了，而且面對問題都可以答得出來，但在準備考試的時候，最重要的關鍵就在於你可以用多快的速度完成。

因為在正式上了考場之後，你必須要在有限的時間內完成解題。如果你得消耗許多時間，那麼就算你懂、你想到答案、你解題成功，也是徒勞無功。

另外，「速度」也可以說是評判你的記憶與理解程度有多少的度量工具。你用多快的速度來判斷題目、回想起答案，就代表著你記住多少、理解多少。

因此，就算你接受與正式考試時間長度相等的模擬考，或是在演練答題時邊替自己計時，都還是不夠。應該要在準備考試的每一天，都把「速度」這件事放在心裡，這是非常重要的關鍵。

考試非常講究「速度」

如果你平常讀書時，在記憶與理解方面的態度都是類似「唔，應該是〇〇吧……啊！答對了！」那麼在正式上考場的時候，你應該會覺得痛苦不堪。

正式上考場時，每個人都會充滿壓力與不安。如果沒信心快速判斷問題、回想正確的解答，內心就會產生迷惘，並且陷入出題者精心設計要讓你上鉤的選項之中，進而不知不覺真的落入陷阱。

從學生時代算起，你到現在應該已經接受過無數次的考試了吧，類似的經驗都還記得嗎？

重點在於，我們不僅要讀懂、了解、記住、能夠解題，而且還要隨時確認自己做這些事的速度，努力讓自己變得更快。最終目的是以「瞬間就回想起答案」為目標，努力做到「不經思索」就能直接做出判斷。

這樣的程度，就是正式上考場當天所需要的狀態，也就是我所說的「零秒解答」。

比方說「單選」的題目類型之中，有所謂的「是非題」，我們必須從選項之中找出正確答案，或者是挑出錯誤的答案。

如果題目中有這類題型，我們就要在看每一個選項的時候，零秒就能判斷「這個是對的」、「這個是錯的」，達到不經思索直接能夠答題的狀態。

最重要的關鍵就在於，當你在看每一個選項的時候，是不是能夠做到「零秒解答」。

「零秒解答」＝立刻回想、理解、解題

在答題的時候，一方面確認選項的用詞細節，一方面互相比較各個選項，試圖找出「感覺好像是正解」的那個答案，結果就在「這個好像是對的」、「這個感覺是錯的」……左右為難地一一考量之後，最終選出「可能是這個吧」當作答案。基本上「零秒解答」可不是這麼一回事。

苦惱了老半天，最後終於勉強推敲出答案，與幾乎沒有思考，靈光一閃就順利解答，兩者的正確率可是有著相當大的差異。後者的正確率不僅壓倒性地高，而且任誰應該多多少少都曾有過類似的經驗。

以現實狀況來說，想要在正式上考場的時候，全部都使用「零秒解答」，應該是不可能的事情。無法用零秒解答的方式處理的問題，還是需要剛剛提到的方法，把所有的線索都用上，並經過仔細推敲選出答案。

只不過，每天當你在準備考試的時候，主要的目標還是要放在「增加能夠進行零秒解答」的題目上，這對考試及格來說是最實際，並且也是最有效率的方式。

然而，剛剛是以「是非題」為例來說明「零秒解答」，但是單選題的類型之中，還包含「計算問題」，答題時必須要根據問題的內容想出解答的方法，並以此為基礎進行計算。

另外還有一種類型的題目叫做「範例問題」，答題時得先閱讀具體的範例，並想出必要的知識來協助判斷，接著就各個選項找出正確或錯誤的答案。

上述的計算問題及範例問題等題型，因為必須要一步步導引最後的解答，所以要做到「零秒解答」是不可能的。

可是，即使是這類需要思考的問題，也可以在看到題目的瞬間就想到「這是跟那個解答方法及那些知識有關的題目呀」，在零秒的瞬間就想出解答方法及解答所需的知識，這是有可能辦到，甚至可以說是必要的。

所以請以「零秒解答」為目標，積極調整自己的狀態。

其他題目類型也是如此，好比說遇到需要撰寫文章的記述類或申論類題目，目標就是要讓自己在閱讀題目的當下，零秒就想出相關內容落在講義的第幾頁，還有詳細內容以及解答方式，而且要讓自己能夠說得出來、寫得出來。

覺得如何？

在加入「速度」這個要素，並且給予「零秒」這個具體目標之後，是不是覺得看講義與做模擬試題的時候，更加確切地知道自己該調整到什麼狀態了呢？

目標明確，讀書進度操之在己

像這樣明確地把目標訂在正式考試前讓自己能夠做到「零秒解答」，對於自己的現況就可以更輕鬆地明確掌握。相反地，**如果目標曖昧不明，現況也無法變得明朗。**

目標狀態清晰可見，並且可以正確地得知自己的現況，那麼要達成目標就可以說是易如反掌。因為接下來需要做的，就只有努力弭平目標與現況之間的差距而已。況且如此一來，對於達成目標所需採取的行動，也會變得更加明確、容易掌握。

在第四章的「零秒測驗」中還會有詳細的說明，但在此我想說的是，只要擬定的目標與相對的現況都非常清楚，那麼中間的差距也會變得顯而易見，這時自己該往哪個方向努力就非常具體。

考試及格的關鍵，就在眼前的模擬試題與講義之中，兩者已經緊密串聯，並且該做些什麼都已經非常清楚，所以接下來該做的事情，只剩下朝著目標全力以赴。

有很多人會覺得「沒有辦法把書背好」、「根本就讀不下去」，其實那是因為「具體來說不知道該讀些什麼才好」，甚至是因為「考試及格這個最終目標，沒有和當下的積極苦讀連結在一起」。

「正式考試當天，希望自己達到什麼樣的程度？」這個問題非常重要，但卻呈現曖昧不清的狀態，所以才會有上述的狀況產生。

每個人都會想要考試及格。若「為了及格所該具備的狀態」能夠清楚明瞭，每個人都可以充滿動力地讀書。

當陷入低潮的時候，就算勉勵自己「我一定要加油……」「得拿出動力才行……」但因為自己並不是為了真正的原因在努力，所以儘管暫時提起鬥志全力以赴，恐怕也無法維持太長的時間。

即使運用「零秒速讀法」，但是在面對真正困難的考試時，最少還是得花幾個月以上的時間準備，甚至有些還必須耗時長達一年。

為了不要讓自己過度依賴那種暫時性的動力或鬥志，讓準備考試這件事可以持續下去，請你明確訂定正式考試當天想要達到的狀態，並以此為目標努力。

考古題是必備工具

所謂「零秒解答」的狀態，就是看到問題的瞬間就能夠進行解答，或是可以立刻聯想相關的知識。不過在正式上場考試時，並不需要將此套用在所有的題目上。

我想大家都知道，大多數的考試，並不會要求非得答對所有題目才算通過。因為只要有六成或七成的正確率，就可以在考試中拿到及格的分數。換句話說，三成到四成的題目不會做是沒有關係的。

「零秒速讀法」的目標，並不是要在考試時拿到滿分，而是更著重於讓人確實拿到及格所需的分數。

將重點放在每次考試都會出現的基本知識，運用「零秒解答」的技巧毫不猶豫地確實拿下分數，這就是我們的目標。

為此，考古題是準備的首要重點。不管是大學入學考試還是各種資格考試，考古題的重要性已經廣為人知。

在「零秒速讀法」中，最為推薦的準備方式就是全力著重在考古題上面。而且最好是從開始準備考試的時候，就把火力集中。因為考古題不僅最接近正式考試的題目，而且還濃縮所有重要的知識。

那麼，具體來說應該要看幾年分的考古題呢？再者，應該要看幾次才夠呢？

說真的，這個問題的答案，會因為該場考試的難易度，以及每個人所擁有的資料庫（知識、經驗、記憶）而有所不同，並不能說讀了多少次就一定能夠及格。

就這一點來看，的確應該從考古題開始著手，就算只是概略地翻閱也不要緊。一旦開始進行，就能實際體會到試題的走向，如此一來對於自己必須要看幾年份的考古題，每份必須要看幾次，自然心中會有定數。

那麼，我就以自己過往參加考試的例子來當作參考範例。基本上我會根據分科考試或整體考試來改變自己的讀書次數。

就我的經驗來說，過去在我接受比金融理財師（FP）更上一層的高級理財規劃顧問（CFP）測驗時，讀考古題的次數是四次。然而在考行政事務官的時候，就看了有二十次之多，次數增加多達五倍。

原因是每一個科目的考試時間、題目數量及考試範圍的大小等因素都各不相同。

CFP測驗共有六個科目，屬於單選題類型，題目都是金融資產運用設計相關的內容，一個科目的考試時間為兩個小時，題目數量則為五十題。

另一方面，行政事務官考試則包含民法、行政法等法律條文，同時還包含一般的常識，考試時間為三個小時。題目的類型除了單選題之外，還有需要撰述的地方，題目數量全部加起來為六十題。

由於考試範圍及問題數量有所差異，所以很明顯就可以知道，準備CFP測驗時，讀考古題的次數會比準備行政事務官考試要來得少。所以請將各個考試的差異處考量進去，並以「零秒解答」為目標，實際讀過考古題之後，再決定自己要讀的次數。

面對單選題，「只看考古題」是基本法則

面對單選題類型的題目，其實沒有必要花時間寫模擬試題、讀講義，以及任何入門書。能夠在看考古題時達到「零秒解答」的程度，是最基本的狀態。

在讀考古題的時候，最重要的當然就是多蒐集幾個年度的題目來做，然而遇到單選題的時候，基本上靠考古題就可以在考試時拿到及格所需的分數，像這樣的考試還挺多的。

不過，聽到我說「單選題的考試只要讀考古題就可以了」這句話，一定會有人想問：

「真的看考古題就夠了嗎？」

在此我一定要特別強調的是，即使我說只靠考古題就可以了，但正式上考場的那一天，你還是要以達到「零秒解答」的狀態為目標。大部分的人就算是看了講義、做了一堆模擬試題，仍無法讓自己達到「零秒解答」的狀態。

時間很充裕的人在此我們先不提，如果為了達到「零秒解答」的目標，而把準備範圍擴大到模擬試題本與講義，事實上是相當辛苦的。

那麼反過來說，應該就會有人想問：「如果把準備考試的範圍從考古題往外延伸，就可以做到零秒解答了嗎？」

對於準備考試時的讀書項目及範圍，很多人很在意這點，常會問「要看什麼考古題或講義比較好呢？」「不多做題目或參考書，真的沒關係嗎？」之類的問題。

可是，對於自己應該要準備到什麼樣的程度，也就是準備的「品質」，卻反而不那麼重視。

就因為如此，大家都會不知不覺地買了許多試題本和講義，近年來甚至還把範圍延伸到網路上，透過網路蒐集情報資料。然而，準備的項目及範圍一旦增加，「品質」便一定會隨之降低。

我把這樣的情況稱之為「範圍與品質的權衡」，有很多人對於這個權衡並不在意。很多人買了新的試題本或講義之後，往往就會覺得自己的頭腦似乎變得更好了，好像考試及格的可能性也提高似的。

但是其實相反，看太多額外的試題本和講義，實際上真正得到的，卻是明顯拉低讀書「品質」的危險性。

「零秒解答」也是如此，在考量目標的時候，必須要重視「品質」，而非著重在「範圍」。

範圍與品質的權衡

若讀書範圍擴大

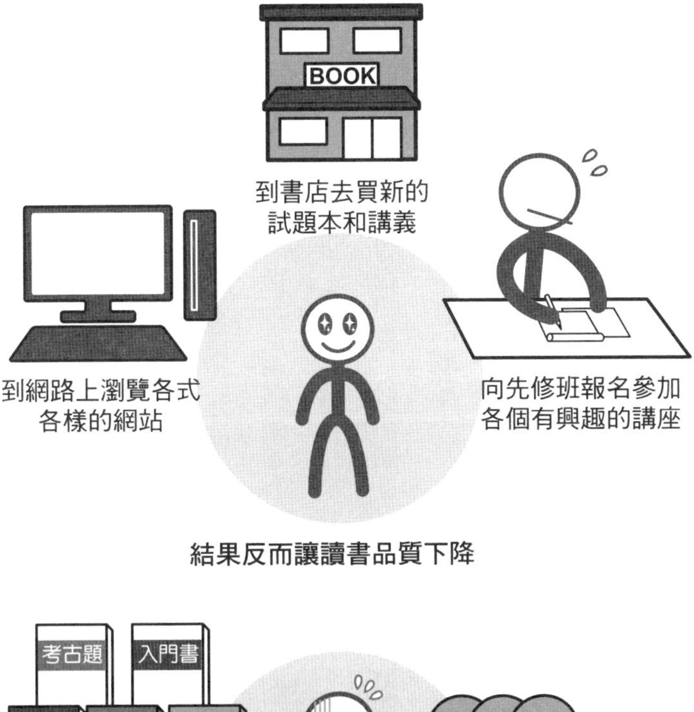

結果反而讓讀書品質下降

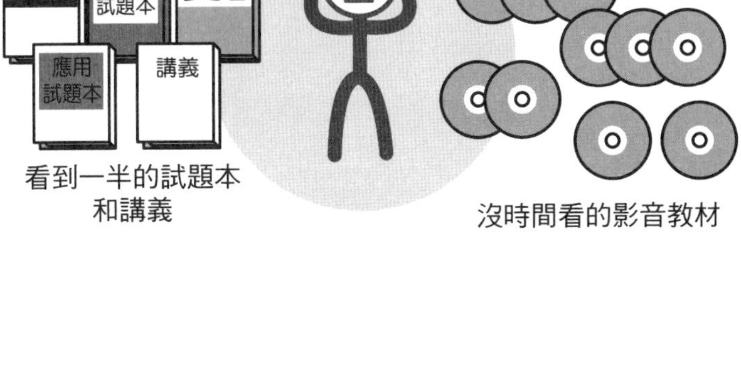

知識的「甜甜圈化現象」

如果有人認為「就算沒有辦法達到零秒解答的狀態，總還是會有辦法考好的」，那我必須說這樣的想法相當危險。

也就是說，如果連「零秒解答」也沒辦法做到，在回答基本知識的問題時，即使在某種程度上還是可以寫出正確答案，但一定會有幾題答得七零八落，因而錯失分數。這在考場上，尤其是面對難度較高的考試時，會是最嚴重的致命傷。

當我們提到一個花了許多年認真讀書，但卻總是沒辦法在考試拿到及格分數的人，常會用知識的「甜甜圈化現象」來形容此人的狀態。

在吸收知識的時候，假設靠近中間的部分是基本知識，那麼越往遠處延伸的則是越難理解或較枝微末節的知識，人往往越是深入去讀，越會把專注力放在周邊難解的知識上，位居中央的基本知識卻反而受到冷落與輕忽，簡直就像「甜甜圈」一樣，中間成了一個空空如也的大洞，這就是所謂的「甜甜圈化現象」。

基本知識就是要簡單易懂，而且會不斷反覆出現，所以每個人應該都能夠理解。但是，正因為很容易會想說「我懂」，反而會讓人失去興趣，並且轉而瘋狂地將心思放在難以理解的周邊知識上，一股腦往錯誤方向鑽研。

結果，基本知識似懂非懂，而且在讀書過程中根本沒花心思鞏固，所以漸漸忘卻。如此一來就會形成「甜甜圈」的中央大洞。這是挑戰過無數次考試的「沙場老將」特別容易掉入的陷阱。

在與人討論的時候，周邊的知識的確比較有趣，甚至有可能很容易得到「這個我懂呢」之類的優越感和滿足感。然而在考試的時候，正確率較高的還是位居中心的基本知識。況且，就充分理解所需耗費的時間與心力來講，復習基本知識所需要的耗費絕對比較少。

所以，在以及格為目標的前提下，想要盡可能做到效果最好、效率最佳，就應該逆轉知識甜甜圈化的狀態，好好地攻克中心的基本知識，確實將分數拿下來。

要做到這一點，就得要靠「零秒解答」的方法，以考古題為核心，盡可能限定攻讀的項目，並將範圍集中在基本知識上。

注意知識的甜甜圈化現象！

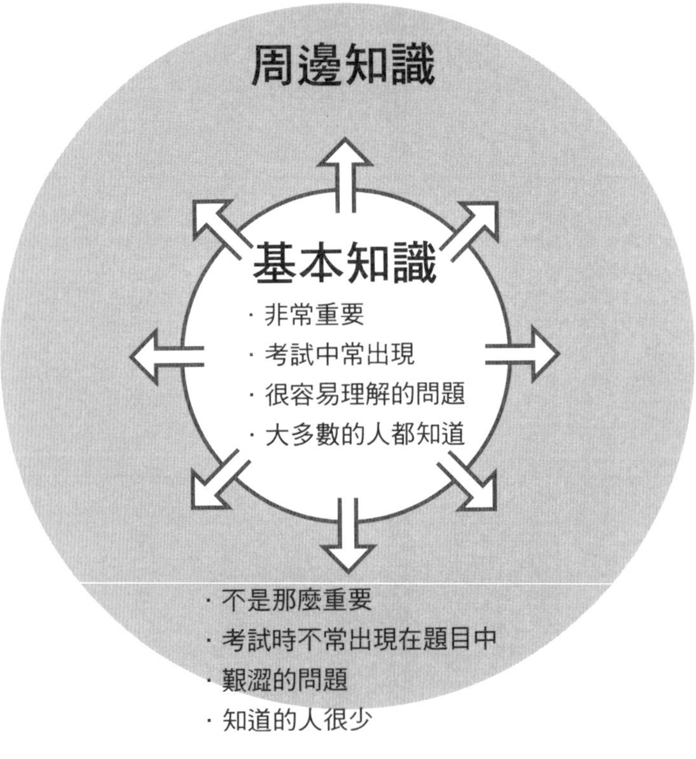
周邊知識
基本知識
· 非常重要
· 考試中常出現
· 很容易理解的問題
· 大多數的人都知道
· 不是那麼重要
· 考試時不常出現在題目中
· 艱澀的問題
· 知道的人很少

不要分心鑽研周邊知識，
導致基本知識草率看過！

捨棄入門書類型的講義

那麼，什麼時候該開始看考古題呢？

答案當然是「現在馬上」！

「立刻就從考古題著手」、「總之看考古題就對了」，打從一開始就要從考古題準備起。

既然是考古題，就代表是曾經在考試出現過的問題，不過理所當然地，在你正式進入考場時，遇到的問題想必不會和考古題完全相同，但還是應該要以做到「零秒解答」為目標，從最接近正式考試題目的考古題開始著手。

不管怎麼說，在準備考試的時候，如果連考試當天的題目會以什麼方式呈現都不知道，那就更不曉得自己該準備到什麼程度了，你不這麼覺得嗎？

因此，一開始就要看考古題。幾乎所有的考試，都可以在市場上買到考古題，每個人都能夠簡單入手。

有很多人在準備考試的時候，會先從入門書之類的講義開始看起，請務必捨棄這樣的習慣，轉換成「立刻就從考古題著手」、「總之看考古題就對了」。

一般來說，講義具有系統化整理的優點，但是因為講義的範圍包羅萬象，所以會有內容太過廣泛的傾向。就算你覺得一定非看講義不可，那至少也要在看完考古題之後，才開始進行。

考古題讀法：不要解題、不需思考，看過去就好！

因為我們選擇「立刻就從考古題著手」、「總之看考古題就對了」，所以真正在看考古題的時候，不可能馬上就知道答案。如果一看就知道答案，那你根本不用準備，直接去考試就好。

由於是在沒有讀過入門書的情況下就去看考古題，難免會在題目中發現許多初次碰到的用語，因此看起來可能格外辛苦。

那麼，該如何準備才好呢？

事實上，在面對考古題的時候，「不要解題、不需思考」，只要看過去就可以了。

這是第二個重點「零秒閱讀」的相關內容，接下來將會在第二章及第三章詳細說明。

面對描述性或申論類型的題目，運用考古題＋講義

當你面對的是以單選題為主的考試題型，那麼要達到「零秒解答」的準備工具，基本上有考古題就非常足夠。請將考古題當成一門專業的學問，務必讓自己在被問到裡頭的知識時，能夠做到「零秒解答」。

然而，遇到描述性或申論類型的題目，只靠考古題可能會不太足夠。那是因為描述性或申論類型的題目，跟單選題比起來，重複出現的問題算是少非常多。這部分從題目的形態上來看大家應該可以理解。

在單選題類型的考試中，會有每年都會被問到的知識，然而相較之下描述性或申論類型的考試之中，則具有「最近考過的論點就暫時不會再次出現」的傾向，而且這樣的傾向還非

常強烈。也就是說，前幾年考古題所出現過的知識，反而很有可能不會被用在題目上。所以申論題的題目，想要光靠考古題就通過考試恐怕很困難。

另外，描述性或申論類型的題目，跟單選題的一大差異，就是必須要書寫文字，而且專業用語及各項定義等等，都必須嚴密且正確地記下來。為了要記住這些知識，使用經過系統化整理的講義會比較好，這是第二個理由。

雖然考古題會按照不同類型的題目來彙整，但卻不會像講義一樣把知識整理好。為此我會建議，在面對描述性或申論類型的考試時，不要只看考古題，可以將講義也納入準備範圍。**把講義當成是一本書，好好記下裡頭的內容，目標就是讓自己在正式考試的時候，腦中能夠立刻浮現相關知識**。

我想你也應該在過往的考試中有過類似的經驗——看到題目卻沒有辦法立刻想出答案，此時，每天都捧著讀的教科書或講義就會浮現在腦海，然後想說「記得好像在那邊有寫到」，感覺自己好像想起了些什麼。

道理跟這種狀況相同，在準備考試的時候，每天都用這樣的方式反覆進行，好讓自己在正式考試的那一天，可以一看到題目，就想起相關知識寫在教科書或講義的哪個地方，也就是讓自己達到「零秒解答」的狀態（這個方法名為「講義完全記憶法—テキストまろごと記憶法」，我在拙作《3ステップ記憶術》〈日文版／實務教育出版〉等書中都有深入說明，詳細內容請自行參照）。

不過即使如此，準備描述性及申論類型的考試，還是必須要讀考古題。

雖然考古題裡頭的知識可能不會再次被用來出題，但是出題的方式（題目的形式）、相關知識需要準備到什麼程度、什麼樣的重點才是最重要的……等等之類的問題，還是需要從考古題中去理解。

因此，當我們要針對描述型及申論類型的考試進行準備時，就要先從考古題著手，一一抓出題目形式、相關知識的程度，以及問題的重點等等，最後再以講義作為準備項目，這是必要的程序。

準備的目標，當然就是要讓自己能夠達到「一看見題目就馬上想起講義中對應的內容，並且能立刻寫出來」的狀態，也就是做到「零秒解答」。

第 2 章

零秒閱讀・理論篇

「不要意圖理解」

—— 一直看下去，中途不停頓

「零秒閱讀」就是一直看下去，中途不停頓

看完第一章的內容，我想讀者應該都很清楚，在正式考試當天讓自己達到「零秒解答」的狀態有多重要。

那麼，到底該怎麼做才能達到此一目標呢？

答案就是從本章節開始會陸續講到的「零秒閱讀」、「零秒測驗」及「零秒立讀」，其中最關鍵的核心就是「零秒閱讀」。這個閱讀方法將會在你準備考古題及講義的時候派上用場。

「零秒閱讀」之中的「零秒」，指的是在閱讀時沒有「停頓的時間」，也就是中途不停頓，一直往下翻閱。

請試著回想一下你在讀考古題或講義時的情形。

你會絲毫不停頓，一直看下去嗎？

有辦法做到中途不停頓，一路往下看嗎？

我想一般應該都會有中途停頓或暫時停止的情況吧，就算只是短短幾分或幾秒的時間。

大部分的人都會在看不懂或是難以理解的地方停下來，慢慢地讓自己消化。在同一個地方反覆閱讀的結果，就會讓自己停下讀書的腳步。

另外，在看模擬試題的時候，當你開始沉吟思考「唔，這個地方該如何解答才好呢？」讀書的腳步也會因此停頓。

像這樣為了搞懂無法理解的地方而停下來思考，就會導致閱讀速度變慢，或者甚至完全停頓下來。

屏棄類似的習慣，遇到看不懂的地方不要再放慢或停頓，甚至完全無視難以理解或看不下去的部分，讓自己順暢地往下翻閱，這樣的方法就是「零秒閱讀」。

也可以說，這是跟以往的所有方法完全相反的閱讀秘訣。

你是「思考」還是「自認為在思考」

「咦？不用去搞懂，也不需要思考？這麼一來就不叫讀書了啊！」

感覺好像能夠聽到類似的驚呼及批評。

但就是因為能夠做到「不理解、不思考、不停頓的零秒閱讀」，才可以不平白浪費時間，展現速度，並讓深入閱讀成為可能。

首先，請試著回想一下，當你在「思考」的時候，你都會做些什麼？

當你在「思考」的時候，你都在做些什麼呢？

比方說，當你遇到看不懂的地方時，可能會反反覆覆看好幾次，嘴裡一個勁地喃喃自語，甚至還會閉上眼睛、搖頭晃腦，整個腦袋轉來轉去的。

那麼，做了這些事情之後，就能理解不懂的地方了嗎？

我想，恐怕沒有這樣的事吧。

這是理所當然的，因為在你思考（自認為在思考）的時候，其實大腦是呈現休息狀態。**在這樣的情況下，不管你做了些什麼，都難以記憶與理解，大部分都會變成得不到回報的浪費，也就是會有竹籃打水一場空的危險。**

的確，當你慢慢地閱讀，反反覆覆一直看同一個地方，對於那個部分的文字就會越看越清晰。這就好像當你用散步的方式走在日常坐車的路線時，就會突然發現「啊啊，這個房子長這樣啊」、「這裡有開這種花喔」，也就是會注意到許多平常開車時看不到的風景。

同樣的道理，當你放慢閱讀的速度，並且在同一個地方重複看好幾次，往往就會有所發現。

然而，就理解內容的觀點來看，放慢速度、仔細閱讀，並且不斷沉吟思考，這些理所當然的行為，其實大多都是無謂的浪費。

沒看過的外文書，可以不靠字典或解說來閱讀嗎？

當你在遇到不了解的地方，或是難以記入腦海的部分，應該都會停下來，然後試圖用「思考」搞懂，對吧？

「這裡所指的是什麼？」

「到底有什麼涵義呢？」

你可能會像這樣一邊在腦海中喃喃自語，然後一邊不停「思考」。在這樣的過程中，或許有可能會想通，但事實上可能性真的微乎其微。

因為當你停下閱讀的腳步並進行「思考」的時候，手裡並沒有能派上用場的工具或武器，根本就像赤手空拳在面對問題。

換句話說，為了理解不懂的地方，你可能會需要其他的知識來幫忙。當然也有可能你必須要了解全部的內容。

然而你卻不去追求武器或工具，還認為自己應該能想通，特意用赤手空拳的方式去處理。

請試著想像一下，假設你所閱讀的書，是用你完全沒學過的語言所寫成的，裡頭的文字該怎麼念你都不曉得，任何一個單字的意思你也完全不懂，當然文句結構之類的文法更是一竅不通。

此時，你還會覺得自己思考一下應該就能看懂，並且就這樣繼續往下看嗎？

我想應該不會吧。針對陌生的語言，你應該會閱讀以熟悉語言所寫成的說明書籍，或是選擇相對應的字典來查單字的意義，用這樣的方式往下看。

「不，什麼說明書籍或字典都不需要，只要想一想就一定能夠理解！」應該不會有人這麼想。

當然，你所閱讀的模擬試題或講義，都是用你熟悉的語言所寫成，多少應該看得懂。然而事實上，儘管每一個單字的意思你都知道，但那卻可能會成為陷阱讓你失足掉落。

如果單字放在文章之中的涵義你沒有清楚理解，結果就會跟我剛所舉的例子相同。**你在看不懂的地方停下來，並不斷沉吟思考，那個狀態就跟在看未知的外文書時，不使用說明書或字典就想搞懂是一樣的。**

陷入文章段落，會讓你無法看清整體脈絡

你是不是也有以下的經驗？

當你參加派對或任何同質性的活動，半途插入一個已經聊天許久的團體之中，會發現大家的對話內容你都聽不太懂。

大家說話時所用的詞語並不特別難，個別單字的意思也都了解，但就是抓不到主題，摸不著頭緒的感覺可真不好……那種情況就好像每句話語各自凌亂飛散似的。

不過，當你知道聊天主題的緣起，以及理解交談話語的脈絡之後，馬上就會「啊啊，原來是在說那個呀」，霎時間恍然大悟，剛剛還聽不懂的話馬上都能了解。

從這個例子我們可以看得出來，**不管我們對某部分的用詞有多了解，但若沒有理解整體的文章脈絡，不清楚部分用詞在全文中所扮演的角色，就不可能有「搞懂了」的狀況產生。被部分內容左右，容易陷入「見樹不見林」的情況，這件事非常重要。**

再來舉另外一個例子吧。請看一下接下來的短文。

「雙手握著鐵鍊不停來來回回，一開始還得有點慢，但速度會漸漸提升。然而，不管是慢慢來，或是加快速度，律動還是常保一致的。可以站著、可以坐著，就連與人並肩一起進行也沒問題。」

——摘自石黑圭《「読む」技術——速読・精読・味読の力をつける》
光文社出版／日文版

看完之後應該會覺得是一段難以理解的文章吧。這是為了進行認知心理學的實驗所寫的短文，內容如此難懂是刻意營造的。那麼，這篇短文到底在描述什麼呢？文章的主題又會是什麼呢？

正確答案是「■■■」。

應該有很多人會心想：「啊，原來如此！」（不明白的人請翻到第101頁自行確認。）

那麼，在得知關鍵的詞句之後，請重新再看一次剛剛的短文。一開始看來七零八落、話不成話的詞句，現在都互相串連起來，而且有了生動的涵義，文中描述的情景一一浮現在腦海中。

就像這個例子一樣，在了解主題之後，知道文章所寫的內容與什麼事物相關，光是如此就能讓一開始讀來相當困難的句子變得簡單，而且也更容易記憶與理解了。

如果你看到前述的短文，知道在某處一定會有詳細的說明，但你卻視而不見，只是一味反覆鑽研該段落，不斷努力直到感覺自己好像懂了，這似乎就和「遇到不了解的地方，就停下來慢慢讀，而且還反覆看好幾次」的閱讀習慣一模一樣。

不覺得這樣做真的很浪費時間嗎？

在不懂的地方停下來思考，不僅讓自己的想法被侷限在極小的範圍內，而且還可能因為刻意用那狹隘的視野去思考，才會讓該內容變得更難理解。

其實我們並不知道自己到底「不知道什麼」？

接下來要介紹另外一個無謂的浪費。

那就是「明明不知道，卻還要在不知道的情況下去思考」。

你是不是也曾有過這樣的經驗：每當有了「這裡好像不太懂」的想法時，總會想說先從查詢裡頭的用語開始著手，然後在查詢的過程中變得越來越迷惘，最後猛然醒悟「我剛剛到底是要查什麼來著？」

會發生這種狀況，原因就在於我們不知道自己「到底不知道什麼」。就連問題的核心定義都不是很清楚，當然不可能得到明確的答案。

在這樣的情況下去思考各項事物是相當危險的事情。頭腦一片混亂、沒有明確的方向，只是漫無目的地往前走罷了。等到你清醒過來時，才會愕然發現已經浪費了三十分鐘，甚至是一個小時……

我想，類似的狀況應該多到令人難以想像，你覺得呢？

最麻煩的是，在東查西查、幾經思考過後，自己還會有「我學到了」之類的成就感。

為了不要發生這種狀況，首要之務就是確認自己「不知道的到底是什麼」。讓問題「清楚明瞭」是絕對必要的。

「見林不見樹」最好

「零秒閱讀」就是極力降低以上兩種無謂浪費的閱讀方法。

遇到不懂的地方就停下來的時間，以及到處亂查資料所浪費的時間，全都一一消除，如此一來就能用前所未有的速度讀書，而且舉目所及的範圍還會變得更廣。這麼做還有很大的可能性會讓我們挖出「為了理解不懂的地方所需要的參考資料」。

考古題的題解或講義，都是根據既定的主題，進行各種不同角度的說明。比方說在抽象的內容後面，會用具體的範例來加以說明。或者是反過來在許多具體的範例後面，將各個共通點彙整起來，以重點條列的方式呈現出來。

抽象的內容讓人難以一看就懂，然而有了具體的範例之後就能輕鬆理解，心裡還會想說「什麼嘛，原來是這樣啊」；相反地，讓人摸不著頭緒的具體範例，只要看了彙整好的重點，就會知道「什麼嘛，原來重點在這裡啊」。

如果能像這樣活用「零秒閱讀」，光是大幅減少在不懂的地方所浪費的時間，就能讓閱讀速度變得比以往更快，而且深度理解的可能性也會提高許多。

排除暫停下來的時間，提高讀書的速度，如此一來就會更容易得到理解內容所需的重要資訊。而所謂的重要資訊，指的就是內容整體的脈絡。

有句話是這麼說的：「見樹不見林」。

如果我們的眼光被侷限在狹小的地方，即使看得到眼前的「樹木」，但卻無法意識到包含這棵樹在內的偌大「森林」，所以就沒辦法看清全貌。

「遇到不了解的地方，試著想要搞懂，於是就停下來思考」，這樣的狀況，簡直就像「見樹不見林」一樣。

若是運用「零秒閱讀」的方式來看書，即使有還不理解的「樹木」存在，但還是可以看得見「森林」，也就是包含不懂的部分在內的整體概要及脈絡。當我們了解概觀及脈絡，就能夠讓某部分段落應有的位置及意義更加清楚，那麼全部搞懂的機率也就更高了。

前面我舉了一個「中途插入團體之間聊天」的例子，其實在文章之中也會有類似的情況發生。

針對文章的某部分段落，無論讀得多仔細、多深入，仍舊一知半解，因為不清楚整體的概要與脈絡，所以完全無法理解涵義，甚至會丟失原本的意義，像這樣的例子還真不少。

雖然「樹木」很重要，但是一開始讀書的時候，「見林不見樹」的方式是最適切的。抓住文章的概要與脈絡，對理解內容來說極為關鍵，而「零秒閱讀」就是能夠幫助我們抓住概要及脈絡的方法。

「記憶」與「理解」必須用到的工作記憶

「零秒閱讀」不會要你在搞不懂的地方死命鑽研，而且，如果遇到看得很辛苦的部分，會採用跳躍式閱讀，讓你可以好好去看容易讀或看得下去的地方。

可能初次接觸時會覺得這個讀書方法太過馬虎、太過隨興，一點都不嚴謹，然而，**這對**

於我們在研讀書籍時所使用的「工作記憶」（working memory、操作記憶）來說，卻是最能發揮最佳效果、最為合理的閱讀方法。

工作記憶也被稱為「大腦的記事本」，雖然只是暫時性的，但卻是可以快速記憶的運作系統。

比方說你現在非常順暢地閱讀本書的內容，但能夠理解其中的涵義，靠的是先前所記下來的單字或段落。挖出那些記憶，並將意義連接起來，進而能夠理解內容。

假設我們在閱讀的瞬間就忘掉剛看的東西，那恐怕就無法理解文章的涵義了。就這一點來說，工作記憶可說是我們在閱讀書籍並理解內容的時候，非常重要且不可或缺的記憶系統。

然而，工作記憶是有所侷限的，甚至可以說是缺點。那就是可以記憶的量非常稀少，有人提出「神奇的數字7」的說法，意思就是工作記憶只能記住七個左右的訊息，近來甚至有人認為實際上比七個還少，可能只有四個而已。

因此，**在準備考試的時候非常重要的一大關鍵，就是有效地運用工作記憶**。

說起來，當我們為了搞懂不了解的地方而死命鑽研，或是遇到看不下去的地方卻還硬逼自己努力往下看，都是在浪費及壓迫我們的工作記憶。基本上工作記憶是不能用在重要的資訊理解上的。

這是什麼意思呢？接下來將針對「記憶」、「理解」以及「工作記憶」等項目做進一步的說明。

「意圖理解」而付出的努力，會造成記憶力的消耗

我們之所以能夠「看懂」、「理解」文章的涵義，主要是文章內容與我們本身擁有的資料庫（知識、經驗、記憶），以某種形式相互連結而來。**好比說當我們看懂或理解的時候，發出了「啊啊，是指那件事吧」，或是「這個跟那個是一樣的吧」之類的感嘆，就是因為內容與我們的資料庫產生連結。**

相反地，我們不懂或無法理解的資訊，就沒辦法和資料庫連結起來了。因此，為了讓這樣的資訊能夠保留成為資料庫，就需要把焦點放在此處，並將其儲存在工作記憶中。

在我們想要馬上搞懂不明白的地方時，往往都會針對該段落的文字讀得特別仔細，對

吧。然而，如果那些內容無法與我們的資料庫產生連結，那麼一個個的詞句就會落入「被丟進工作記憶裡」的狀態。

前面我也提到了，工作記憶的容量相當有限，像這樣為了搞懂不明白的地方而死命閱讀，就等於是在壓迫少得可憐的工作記憶。

工作記憶可以說是大腦為了讀書及理解而存在的工作領域，如果裡頭塞滿了資訊，恐怕將會對你當下正在進行的事情造成阻礙。你會變得只能照著字面看下去，不時會「呼呼」地感嘆頭腦被塞得好滿，甚至還會高舉雙手投降，大喊「我看不懂啦」！

打個比方，像是電腦會需要執行時專用的記憶體（RAM）。但如果常駐的軟體太多，或是同時間一起執行的軟體過多，記憶體就會被瓜分殆盡，不僅軟體執行的速度會變慢，甚至還會當機。

我們人也是會發生同樣的狀況。

當工作記憶被塞滿的時候，理解、思考、計算等等的資訊處理，都將會被裝上煞車器，全部都被擱置。

就像前面說明過的，由於不了解的資訊無法和既有的記憶產生連結，所以就會需要用到工作記憶。死命閱讀不懂的地方，就會讓工作記憶一點一滴被吞噬。

如此一來，為了與新的資訊產生聯結，連自己擁有的所有記憶都會被挖出來，進而侵蝕用來幫助理解的工作記憶領域，這樣當然沒辦法好好讀書。無論你讀得多麼辛苦，工作記憶還是滿滿的，根本無法搞懂，頂多只是資訊從大腦的右邊跑到左邊，如此而已。

越是想要當場理解不清楚的地方，工作記憶就越會受到壓迫，進而造成當機狀態，如此一來反而會變得什麼都搞不懂。

全面活用工作記憶的「零秒閱讀」

相對來說，依照「零秒閱讀」的作法，並不會讓你在遇到不清楚的內容時，努力想要搞懂。一旦遇到看得很辛苦的地方，就採用跳躍式閱讀，並且只看易讀的段落。

這麼一來就不會對工作記憶造成不必要的壓迫，因此可以充分活用工作記憶，輕鬆地閱讀，進而理解內容。

讓大腦的工作記憶保持在餘裕的狀態

「為了當場搞懂而一字一句慢慢讀」

工作記憶塞滿了資訊，因而造成當機狀態

「跳躍式閱讀」

工作記憶行有餘力，運作順暢

為了想要當場搞懂而一字一句慢慢看，乍看之下似乎是比較嚴謹的做法，但從工作記憶的角度來看，無非就像一次抱了大量的東西想搬動到他處一樣。

如此一來，好不容易搬起來的東西，往往會在中途開始掉落，就算搬再多也於事無補，因為很有可能發生一個也搬不到目的地的情況。

然而在「零秒閱讀」這方面，由於是在隨心所欲的狀態下進行，降低運送的物品數量，反而成為可以確實送達的方法。

因為過程中並沒有任何勉強的狀況，所以幾乎不會感到疲憊，甚至還能確實地讓已然理解的資訊逐步累積。

總而言之，「零秒閱讀」就是「知足」的閱讀方法，而以往那種一字一句慢慢看，直到自己理解為止的方法，則可稱之為「貪婪」的閱讀方法。

不懂就直接跳過去，藉以爭取記憶力

運用「零秒閱讀」，假如遇到想看的內容，也就是有興趣讀下去的段落，可以一一讀過，但若有不想看的地方，就採取跳躍式閱讀，這也是工作記憶能夠有效活用的關鍵之一。

意思就是，當我們在看沒有興趣或看不下去的內容時，為了要努力讀懂，就必須有意識地將專注力集中。投以專注力這件事情，就需要用到工作記憶。

相對來說，**自己感興趣的地方，或是看得下去的內容，即使不特別關注，專注力也還是會自然轉移過去。而且那樣的狀態可以輕鬆持續，不會有所勉強。**

總之，如此一來就可以在不動用到工作記憶的狀況下搞定，還可以將工作記憶充分運用在讀懂及理解內容上。這樣反而能讓我們輕鬆閱讀、輕鬆理解。

說到這裡，我想你應該已經理解，以工作記憶的角度來看，大部分的人所習慣的方式，也就是「遇到不懂的地方就一字一句慢慢讀，甚至停下來反覆去看該段落」，不僅是無謂的浪費，甚至效率也非常低落，對吧？

我想你應該能夠了解，讀書時不要在不懂的地方暫停腳步，因為跳躍式閱讀反而能提高理解的效率，並且還能更有效地活用大腦。

重覆進行「零秒閱讀」，直到理解為止

不過，你心裡應該會有這樣的疑問吧：

「但是到底該拿不懂的地方怎麼辦呢？像這樣不就一直都無法搞懂了嗎？」

會這樣想是因為我還有一件非常重要的事情尚未說明。

「零秒閱讀」並不是讀一次就結束，而是要讀好幾次。也就是說我們要運用「零秒閱讀」大量重覆閱讀。

在重覆閱讀的過程中，不僅可以挖出其他知識，還能掌握整體的文章脈絡。如此一來，原本無法理解的地方就能夠一一搞懂，看不下去的部分也會變得饒有興致。

跟第一次的「零秒閱讀」比起來，第二次進行「零秒閱讀」的時候，你所擁有的資訊與知識，也就是所謂的資料庫的數量，將會增加許多。因此就會出現這個情況：第一次看時無

法理解，但第二次就可以輕鬆看懂。

再者，工作記憶的負擔減輕，正是我們能夠理解內容的重要原因。

一開始當我們看到新的專業用語時，往往都會耗盡工作記憶的容量，而且對於專業用語的說明及解釋，也不是很想看，然而在第二次閱讀的時候，就會漸漸習慣那些專業用語。跟第一次閱讀比起來，工作記憶的容量已經空出許多，所以就可以更加有餘裕地去翻閱其他書籍，查看專業用語的定義及說明。

運用「零秒閱讀」重覆閱讀，可以一邊累積資訊及知識，同時一邊活用工作記憶，慢慢地就能搞懂原本無法理解的地方，而一開始看不下去的段落，也會變得可以輕鬆閱讀。

「重覆閱讀」就是大腦的學習原理

在我如此強調重覆閱讀的重要性時，或許會有人開始擔心以下的問題：

「花了好幾次重覆閱讀，不就等於多花了許多時間在記憶與理解上面嗎？」

人在想要求快的時候，往往都會想說「難道沒有一次就能看懂的方法嗎？」但這樣的想法是具有危險性的。

先前我曾介紹過搬運物品的方法，你可以一口氣搬很多，一次就完全解決，也可以一點一點慢慢搬，多花個幾次的功夫。請回想一下這個例子。

況且，在重覆閱讀中進行記憶與理解，也是大腦的學習原理。負責記憶與理解的是我們的大腦，如果完全忽視大腦的特性，當然就沒辦法做到記憶與理解了。

撰述過多本腦科學相關書籍，因而廣為人知的日本東京大學池谷裕二教授，就曾用「那是個非常隨興的傢伙」來形容我們的大腦。

更有甚者，還有「大腦的記憶是非常粗略草率且曖昧不清的」、「記憶都是透過『失敗挫折』以及『重覆施行』，才能形成或強化」……之類的說法。

想要讓自己看一次就理解並記下來，無論是用什麼方法，對大腦來說都相當粗暴，而且效率也非常不好。反觀，運用「零秒閱讀」時，因為不帶有想要搞懂內容的想法，所以可以很快地概略看過，以「高速大量循環」的模式大量來回閱讀，事實上對大腦來說正是溫和、效率又高的閱讀方法。

以往傳統的閱讀方法，心裡想的往往都是「一字一句慢慢啃，無論如何都要努力在看一

「零秒閱讀」的重點在於大量循環

第一次

書籍的概略內容及關鍵字，會成為幫助讀者理解的資料庫（知識、經驗、記憶）。

第二次

因為在第一次閱讀時儲存了資料庫，所以一開始看不下去或無法理解的地方，現在都能輕鬆閱讀。

第三次以後

資料庫越來越多，因此可以更詳細地涉獵內容。

閱讀越多次，資料庫就會累積越多，讀起來也就會越輕鬆。

次的情況下就記起來，只要拚命思考總能夠記住的」。所以說，在此有必要讓你將既有的想法大大地翻轉過來。

當你嘗試理解新的事物，往往都會在自己的記憶或已經理解的資訊中進行串接，但如果再怎麼努力也沒辦法搭上線，那些辛苦的過程等於全都白費力氣。

但其實，就算你沒有帶著「努力串聯」的想法，只要你已然理解及已然記憶的資訊慢慢增加（即資料庫增加），自然而然就會串接起更多情報及知識。

「流暢性錯覺」的陷阱

接下來要說明的，是如何藉由「零秒閱讀」來理解知識。

在運用「零秒閱讀」的時候，主要會去翻閱看得懂的地方，也就是有興趣或容易閱讀的段落，至於其他看不懂的部分就用跳躍式閱讀的方式快速看過。如此一來，看得懂的部分以及看不懂的部分就可以明確區分出來。

意思就是，「零秒閱讀」是將看得懂的部分、看不懂的部分「區分出來」的閱讀方法。這對「理解」內容來說是必要且重要的關鍵。

然而，以傳統的閱讀方法而言，重點就是「無論如何都要搞懂」，即使不了解也要好好地照著字面的意思看熟。甚至還會為此慢慢地仔細閱讀，好幾次都停在同一個段落反覆地看。

這麼做能夠讓我們熟悉書裡的文字，並且可以非常順暢地把內容看完（不過要做到這個程度我想恐怕需要耗費不少時間）。

不過，這種方式並沒有辦法將看得懂以及看不懂的部分「區分出來」。到底哪裡還不懂、哪裡已經理解了呢？感覺非常曖昧不清。

事實上能夠順暢地閱讀並不表示已經搞懂。兩者的界線一旦變得模糊，看不懂的地方也會變成「預期式的理解」，其實這樣是具有危險性的，因為會讓人陷入「流暢性錯覺」的陷阱之中。

「流暢性錯覺」是最近認知心理學領域的研究成果，一般市面上的相關教科書籍都有介紹。

這個現象指的就是**當我們非常順暢地閱讀文章時，也就是在閱讀過程中沒有太多阻礙，**

我們就會誤認為自己已經理解內容，並且都記下來了。

在慢慢地仔細閱讀的情況下，最容易觸發這樣的錯覺。看不懂的地方也預期自己已經理解，結果導致於無法將之「區分出來」。

因此，在準備考試的時候，儘管已經非常順暢地看完了，但實際看到考卷上的問題，才發現自己根本不懂、完全沒記住，考試的成績也不理想……

說不定你也有切身經驗，這就是「流暢性錯覺」所帶來的影響。

相對來說，在運用「零秒閱讀」的時候，對於看不懂的部分會採取跳躍式閱讀，能夠輕鬆閱讀、看得懂的部分才會好好閱讀，這樣當然就不會有「流暢性錯覺」登場的機會。

如此一來，我們就可以明確地分辨哪裡已經理解、哪裡還看不懂。

用這樣的方式不僅可以逐步將理解的部分轉化為資料庫並儲存起來，還能專注在那些還看不懂的地方。接著在重覆閱讀的過程中，會有越來越多原本看不懂的地方變得能夠理解……而且是真正的理解。

一開始你可能會想「什麼叫做別停留在看不懂的地方，趕快跳過去就得了，這未免太隨便……」但其實仔細思考過後，我相信你將能夠了解傳統的閱讀方式不僅效率不彰，而且會浪費許多無謂的心力。

「零秒閱讀」可以避免產生「流暢性錯覺」

準備考試

流暢性錯覺

①

在同一個地方反覆閱讀好幾次，直到可以順暢地看完，並不代表就已經記憶與理解內容。

零秒閱讀

①

看得懂的地方好好看，無法理解的地方就快速翻閱，不讓自己產生「預期式的理解」，並持續重覆閱讀。

正式考試

②

結果「咦？怎麼回答不出來……」

②

確實理解的部分增加了，所以不會錯失基本分數。

考試結果

③

③

下一個章節將會以實際的例子來具體地說明「零秒閱讀」的重要關鍵，請務必好好活用，並切身感受一下「零秒閱讀」的效果。

阻礙「零秒閱讀」的煞車器是什麼？

那麼，在本章節的最後，我要提出一個需要特別注意的地方。那就是無論你有多麼了解「零秒閱讀」的效果，但是在剛開始的時候，恐怕還是很難運用得當。

事實上，在我們的內心深處有一個阻止「零秒閱讀」的煞車器。

那就是「想要馬上理解」的強迫觀念，以及相對來說，碰到「看不懂」的內容時，感覺就會非常差，但自己又不想承受的那種心情。

這麼一來會造成什麼樣的情況呢？其實就是讓我們產生「無論如何都想要現在搞懂」、「應該要把細節處一一查清楚」之類的想法。結果我們就會在閱讀時停下腳步，完全和「零秒閱讀」的狀態背道而馳。

「想要理解」的想法是非常重要的，在讀書時絕對不可或缺。「就算看不懂也沒差啦」之類隨便應付的想法，或是對於內容不感興趣也不想關心，其實都不是什麼大問題。

反而是「想要現在就理解」才是問題所在。為什麼呢？因為對正在努力準備考試的你來說，這只不過是一個任性的想法罷了。

根據我們所讀書的內容來看，是不是能夠馬上理解，其實很明顯，不是嗎？理解內容需要考慮大腦的狀態，但我們卻往往會選擇忽略。

像這樣完全不考慮大腦的狀態，以及閱讀目標的難易度，光只想著「馬上就理解」的欲望，根本就是你自己任性的想法。

如何拋開「想要馬上理解」的欲望

我想，看到這裡之後，你應該多少能從「想要馬上理解」的欲望中掙脫。你已經能夠理解大腦的運作機制，也知道把內容「看懂」是怎麼一回事，不管再怎麼「一字一句慢慢讀」，不管在各方面翻查得多麼徹底，也不代表就能夠立刻理解，相信你已經有了這樣的自覺。

只要稍微有一點點自覺，就能夠一點一滴地擺脫強迫式觀念的操控。

不過，在看不懂內容的情況下，內心的確會感到不舒服，這是不可抹滅的事實。

應對這種情況的最佳方式，就是培養接受不舒服感覺的度量，讓自己的胸襟更加開闊。換句話說，就是變得大器一些。

或許你曾經聽過「海納百川」這個成語，意思就是有容乃大，可以接納世間萬物的人。

儘管我們所面對的只是考試的準備工作而已，但開闊胸襟不但可以在性格上和他人擴大差異，甚至還可能進一步培養通過考試的能力。

即使沒有做到太高的層次，但**以應對的技巧來說，對於接受自己「不懂的地方在哪裡」是非常有幫助的**。

雖然你心裡會想說自己一定有些地方「搞不懂」，但在實際開始讀書之前，並不會知道自己「不懂的地方」到底在哪裡。儘管如此，你還是有機會可以讓自己覺得「搞懂了！」所以就專注在這個方向持續進步，並推升自己達到這樣的程度吧！

「這該不會只是自我安慰的小聰明吧？」

可能有人會這麼想。的確，內容若只讀過一次，一定還是搞不懂的。

然而，「零秒閱讀」卻是得要重覆閱讀好幾次、好幾十次，甚至好幾百次。在這個過程中，那些暫時還不明白的地方，經過第二次閱讀、第三次閱讀……，就會慢慢搞懂。

只要能夠先將「不懂的部分」區分出來，並且直接跳過去，繼續往下讀，就可以讓工作記憶發揮最大功效，同時最後還是能一一理解不懂的部分，這是效率最好、效果最佳的方法。

那麼，在接下來的章節將說明「零秒閱讀」具體的閱讀方法，請務必立刻加以活用喔！

（P.77正確答案是「邋鞦韆」。）

第 3 章

零秒閱讀・實作篇

即使不懂也要先跳過，中途不停頓

考古題先看過去就好，不用解題

在進入「零秒閱讀・實作篇」之前，首先我想確認一件事。

因為「零秒速讀法」所強調的是「立刻就從考古題著手」、「總之看考古題就對了」」，所以我們都會想要趕快開始看考古題，但是基本上，「考古題根本不需要去解題」。

因為我們立刻就從考古題著手，所以回答不上來是理所當然的事情，不過畢竟問題已經出現在眼前，恐怕我們還是會情不自禁地進行各式各樣的思考，只為了解出答案。

然而，答不上來的問題太多了，因此一定會有所停頓。這麼一來就不可能做到所謂的「零秒」。因此，在看考古題的時候，遇到可以輕鬆解答的問題，停下來解答一下是沒關係的，但若是遇到需要思考的問題，即使只是要想一下下也一樣，請立刻翻閱答案詳解。

更有甚者，如果問題本身就很難閱讀，而詳解比較容易能看懂，**也可以跳過問題的描述，直接看**詳解。

當然，在看詳解的時候，也要使用「零秒閱讀」的技巧，所以一旦看得卡卡的，出現看不下去的地方，就跳過去吧。只看大標題或是讀得下去的地方，就是這個方法的精髓。

而且，因為我們一開始就從考古題下手，而且讀書過程都以考古題為主，所以考古題的重要性可說是非常高。不過由於在看考古題的時候是不解題的，這樣的方式跟傳統的讀書方式大不相同，因此最關鍵的重點就在於我們要看的是哪一種類型的考古題。

沒錯，考古題有各式各樣不同的類型，那麼，最適合使用「零秒速讀法」的是哪一種考古題呢？接下來將詳細說明。

首先，以考古題的種類來說，大致可以區分為「依年度彙整的考古題」以及「依類型彙整的考古題」兩大類。

依年度彙整而成的考古題，主要就是將歷年來實際出過的題目，就這樣直接收錄進來，以五年或十年為範疇統整成一本。另一方面，依各類型彙整的考古題，則會根據實際的考題內容加以分類，並且大部分會以講義的彙整系統為基礎去做分類，把同類型的題目都整理在一起。

以這兩種類型來說，較為推薦的是「依類型彙整的考古題」。基本上依年度彙整的考古題與實際考試的狀況較為接近，所以大多數的人可能都會認為這類的考古題比較好，而且說實在的，在準備考試的過程中，還是有某些階段會需要用到年度考古題。

但是，我們首先要讀的重點，還是應該要放在依類型彙整的考古題上。理由就是「較容易理解」、「較容易閱讀」。其實這就是讓準備門檻降低的意思。

不同分類方式考古題的優缺點

依年度彙整的考古題，由於範圍太廣，所以各個不同的領域往往都只會出現個一兩題而已。這的確跟正式的考試非常相近，但對於累積新的知識來說，卻不是能得到好效果的類型。

尤其是在使用「零秒速讀法」的時候，從最一開始的階段就以考古題為主，所以若以年度彙整的考古題為主要閱讀內容會相當辛苦。

相對來說，**依類型彙整的考古題，會將相似的問題排列在一起，所以讀起來輕鬆許多**。對於新的詞彙或資訊，也比較容易可以在重覆閱讀的過程中一一吸收。

更重要的是，常出現的問題全部排列在一起，我們自然就會了解該題型的重要程度，越是頻繁出現的問題，就越該大量閱讀，讓相關的知識能夠牢記心中。

再者，此類型的考古題可以明確地顯示彙整在一起的問題與哪些知識相關，所以看了題目之後，很容易在腦海中找出必要的知識，讀起來會更加得心應手。

不過說起來，這只是「敲門磚」而已。讓自己有所自覺，並且在運用「零秒測驗」（下一章會詳細說明）時，必須要確認自己沒有陷入預期式理解及預期式記憶的狀態。

可能有人會認為「如果想要讀得輕鬆一些，那去看講義或參考書不是更好嗎？」但無論如何考古題都是絕對不可或缺的關鍵要素。

這是因為你耗費心思努力準備的最終目標，就是應付正式考試的到來，而考古題就是與正式考試最為接近的準備工具。況且，直接就從考古題著手，反而可以了解自己必須要準備什麼程度的知識、該記憶與理解到什麼程度。

在考古題的分類之中，還有另一種「以答案選項來分類」的類型。這是將單選題的備選答案一一拆解開來，並將每一個備選答案都配上一個相對應的問題。

在面對單選題的時候，我們得根據問題一一審視備選的答案，因此能夠個別判斷備選答案是否正確，這是必須要具備的能力。但無論如何還是接觸與正式考試較為接近的方式比較好，所以如果可以，我還是建議盡量不要選用以答案選項來區分的考古題。

話雖如此，但以「模擬題本的類型」（接下來將會談到）來說，以答案選項來區分的彙整方式，對於準備考試的效率來說是影響力極大的關鍵要素，在這樣的情況下，我們也有可能不得不選擇以答案選項來分類的考古題。

「左右對照類型」比較好

那麼，究竟「對於準備考試的效率來說，是影響力極大的關鍵要素」所指的到底是什麼呢？

模擬題本（包含考古題在內）若依照印刷的方式來區分，可以分成兩大類型。一個是解答要翻頁才能看得到的翻頁對照類型，另外一個則是左右頁對照的類型。將書本翻開，會看到左頁是題目，右頁則是答案及詳解，這樣的方式就稱之為「左右對照類型」。

相對來說，把題目放在右頁，解答及詳解則要翻到背面才看得到，這就是所謂的「翻頁對照類型」，等於是在我們翻開書本的時候，左頁是上一題的答案及詳解，右邊則是下一題的題目，或是要翻到書本最後才有解答。

「咦？這兩者之間有那麼大的差異嗎？」

可能很多人會覺得詫異，但的確有很大的差異。

如果你以採行「零秒閱讀」的角度來看，應該馬上就能看穿問題點，不過任何人只要稍微想像一下應該都能理解。以翻頁的次數來說，翻頁對照類型肯定會得到壓倒性的多數。

為此，**「零秒速讀法」所推薦的考古題，絕對就是左右對照類型。因為翻頁對照類型在時間效率的表現上非常差，所以真的不建議採用。**

「零秒閱讀」的重點，就是從能夠輕鬆閱讀、看得下去的部分開始著手，不管是問題、選項，或是解答說明都一樣。甚至我還會建議讀者們不需要從題目開始看，根據不同的狀況而定，有時候從答案詳解開始看也無妨。

至於翻頁對照類型的考古題，為了對照題目與答案必須頻繁翻頁。在我們翻頁的時候，不僅會消耗時間及精神，而且還會讓我們的思緒為之中斷，讓專注力遭到破壞。

翻頁這個小動作如果能夠運用得當，不僅可以讓我們轉換心情，還可以翻新記憶，對於準備考試來說幫助相當大，但若是正在鑽研一個問題的當下進行翻頁，反而會成為中斷思緒及專注力的致命傷。記憶與理解考試內容是非常困難的一件事，因此無論如何請務必選擇左右對照類型的考古題來使用。

可惜的是，以日本現在的市場來說，翻頁對照類型的出版數量遠比左右對照類型的要來得多。

若是以先著手解題，然後再確認答案及說明的傳統讀書方式來看，翻頁對照的確是比較適合。但是與這種傳統方式完全相反的「零秒閱讀」，就完全不適用了。

在此，我們把話題拉回剛剛所提到的「以答案選項來區分的類型」。如果在一般的類型中找不到左右對照的考古題，那麼選擇以答案選項來分的類型也可以，總之就是請以左右對照為優先選項。

「依類型彙整・左右對照」這種考古題是最佳選擇

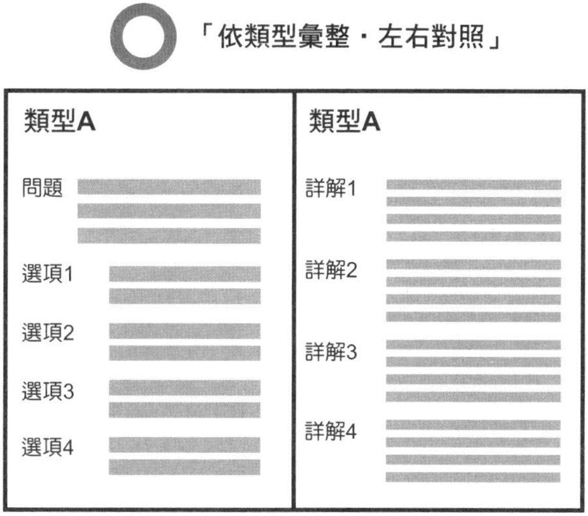

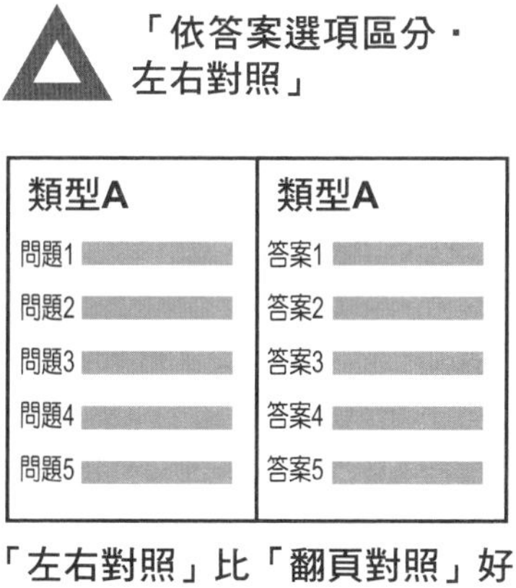

「左右對照」比「翻頁對照」好

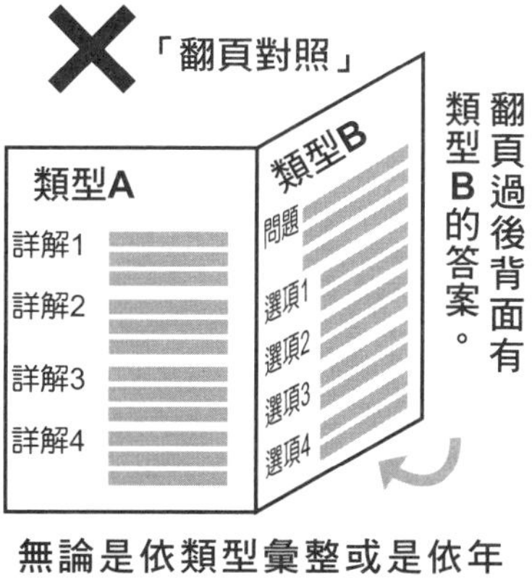

無論是依類型彙整或是依年度彙整，都不建議採用

「零秒閱讀」四大步驟與重點

緊接著要說明的是「零秒閱讀」的「四大步驟」以及「四大重點」。

四大步驟是進入「零秒閱讀」的嚮導，所以我會藉著閱讀的工具來加以說明。從目錄開始看起，然後是主題、大標，接著進入內文，用這樣的方式慢慢地導入細節處。而四大重點所揭示的，則是運用「零秒閱讀」時，希望你一定要有所自覺的事情，這是為了不要「停下腳步」。

第一是「適當的難易度」，第二是「決定好的時程」，第三是「每天要把全部的範圍看過一遍」，第四則是「玩拼圖」。

後續我會用日本民法、刑法等等的法律條文來當作具體的範例，不過基本上任何一個科目道理都相同。請你將目前正在閱讀的考古題拿來放在手邊，一邊看著本書的內容一邊實際操作看看吧。

步驟一：用目錄掌握整體大綱

首先要談的是目錄。

如果是依年度彙整的考古題，那麼目錄應該也會採「○○年度」的形式揭露，如此一來意義就不大了，不過依類型彙整的考古題則幾乎都會跟講義一樣，在某種程度上照著既有的系統來編撰目錄。如此一來能清楚看出什麼項目放在哪裡，用什麼方式進行整理之類的訊息。所以請從這個部分開始看起吧。

為什麼要從目錄看起呢？

理由有很多，**但最重要的就是可以掌握整體內容的大綱**。掌握內容綱要對於後續的記憶與理解可說是非常重要。

在前面的章節曾經提到過，我們人總是會有過度注意細節的傾向，也就是把焦點放在「樹木」上。然而，想要得知「樹木」的意義，並深入理解，不知道「森林」的整體狀態是不行的。

同樣的，要把知識記下來時也是如此，清楚掌握該知識與整體內容之間的關係，就能產生連結，進而強化記憶。

無論是理解也好，或是記憶也罷，全部都跟「連結」有關。只要能夠互相連結，就能讓人覺得自己搞懂了、記住了，同時能夠隨時回憶。

為了加強這樣的連結，掌握整體綱要是不可或缺的重點關鍵。

再者，目錄的頁數往往都不多，所以讀起來相對來說較為輕鬆，這也是好處之一。

一般來說目錄大多是一頁，最長頂多十頁左右。因此在看的時候就想說「反正就先看看吧」，很容易能進入狀況。

第五章的內容將會帶到「零秒速讀法」的最終要素——「零秒立讀」，其中的重點就是「無論何時何地，馬上就能開始讀書」。先把範圍鎖定在目錄，藉此將讀考古題的門檻往下拉，如此一來就能夠輕鬆做到「零秒立讀」。

目錄可以說是「零秒速讀法」的核心，重要性非常之高。

首先把目錄看完之後，接著再進入內文，但過程中還是隨時可以再回到目錄，不斷重覆進行就可以讓自己慢慢進入細節處，原本可能卡住的地方也會開始產生變化。總而言之，目錄就是整體的軸心、核心、據點，應該要經常翻回去看看。

在結束一整天的讀書之後，別忘了最後要回到目錄再看一遍，這會讓整體的讀書效果更

先從目錄開始著手，一旦中途卡住請回到目錄，用來再次確認的始終只有目錄

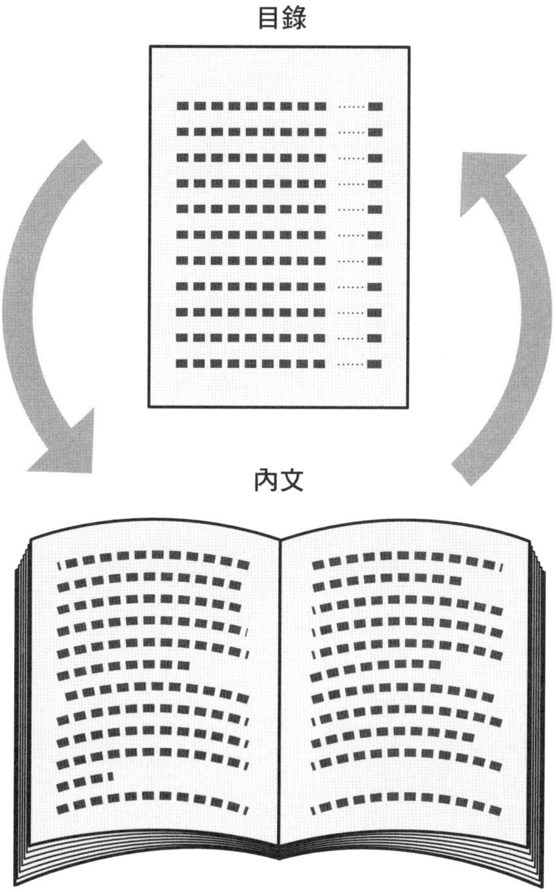

首先從目錄開始起。
開始閱讀內文之後，如果有所卡頓，
請回到目錄再看一遍。
內文看完之後，為了確認自己的記憶，還是要回到目錄再看一次。

加顯著。

因為當我們在閱讀目錄的時候，自然而然就會對於今天所讀的內容進行複習，而且重覆與內容產生連結的過程中，就能看出部分段落與全體的關聯性，同時讓內容彼此的鏈接更加強化。

重點是「先從目錄開始看起」，進入內文之後，如果遇到看不順、看不下去的情況，謹記「一旦卡住就回到目錄再看一次」，而且讀書的最後也要以「再次確認目錄」作為結束，像這樣隨時隨地參照目錄，就可以達到邊整理邊讀書的效果。

總之，如果還有一點點時間可利用，或者是讀到覺得有點困惑，無論如何都先回到目錄看看吧。

在讀書的過程中，是否時常回顧目錄，將會讓整體讀書的品質產生莫大的差異。

並且，在看目錄的時候當然也要使用「零秒閱讀」的方法。不要因為想要讀懂就慢慢看，請不要有所停留，只要之後重覆多看幾次就好。

步驟二：率先閱讀主題及大標

運用「零秒閱讀」的方法看過目錄，逐漸適應考古題的整體狀態或是內容之後，理論上就可以直接進入內文開始閱讀，不過請不要從內文的內容開始看起。

我會建議從「主題（章節名稱）」、「大標（包含大小標）」開始看起。一般來說主題和大標會採用跟內文不一樣的字體，通常會比較粗些，字級也比較大，所以一眼就能夠分辨出來。

這麼做是為了讓主題和大標能夠從內文凸顯，所以才會讓它們看來特別醒目。只需要看標題、一直往下翻閱，應該是一件很簡單的事情吧。

另外，主題和大標大多都會統整在目錄中，因此在看完目錄之後，對於這些應該會感到很熟悉，讀起來想必相當得心應手。

最重要的是，主題和大標都不是正常的文章，而是簡短的句子，所以不太會被難倒，閱讀時幾乎不會有所停留，很容易就能做到「零秒閱讀」。

同時，主題與大標還包含了針對內文的抽象化形容，以及相關重點等資訊。因此，兩者的用詞大多會有點艱澀，單字的難度會比較高，然而這卻可以成為我們理解內文的關鍵，用詞恰好成為重點關鍵字的情況也所在多有。

主題和大標對於內容的重要性不言可喻，若能先看完這兩者，可以讓後續的閱讀變得更加容易，因此在進入內文之前，請先看看主題和大標吧。

「這不就跟看目錄是一樣的道理嗎？而且看目錄的頁數還比較少呢，不用翻太多頁，應該更容易達到零秒閱讀吧？」

可能有人會這麼想，然而光是只有看目錄，跟一頁一頁往下翻，逐一閱讀內文中的主題和大標，這兩者有決定性的差異。

差異在於，當我們逐一翻閱主題和大標的時候，其他的資訊也會映入我們的眼簾。

比方說，即使我們沒有刻意去想說「要開始看書囉」，內文的關鍵字也還是會在我們的眼前浮現。組圖或是插畫也會自然地殘留在記憶裡。

更有甚者，考古題的解答與解說，或是相關的講義，實際上的占比有多少、用什麼樣的形式寫成，這些資訊都可以同時獲取。

一開始先看主題、大標

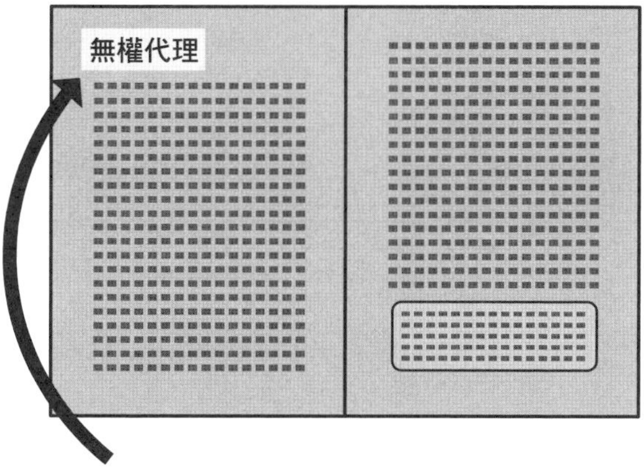

一開始只看主題和大標。不去閱讀內文。

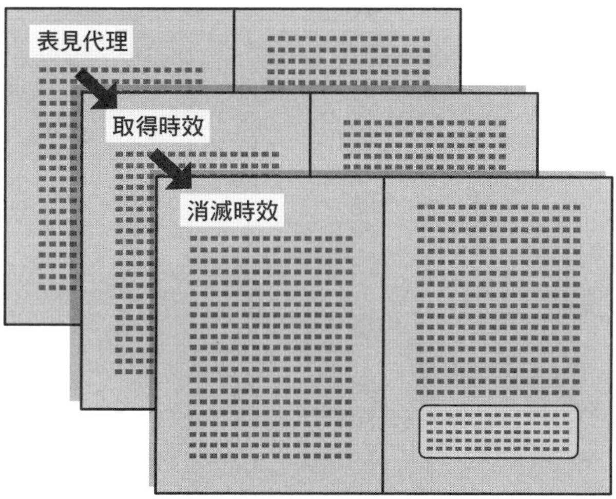

讓自己優先適應主題和大標。
內文稍後再慢慢一頁一頁地翻閱。

這些可不是毫無作用的，在我們閱讀內文的時候，它們就會助你一臂之力。

然而，雖說只是「主題和大標」，但考試用書通常較艱澀，主題和大標也很常使用一般較不熟悉、比較難上手的專有名詞。

事實上，光是閱讀這個部分，就會讓人困擾不已，一個頭兩個大。

再者，就像前面所提到的，即使只是先閱讀主題和大標，但因為其他的資訊也會一一映入眼簾，所以我們的注意力也會被帶走。事實上，真的有非常大量的資訊會藉此進入我們的腦海。

在讀書的時候，一旦覺得窒礙難行，請不要勉強自己繼續往下看。因為在這樣的情況下，你再怎麼努力看，都是徒勞無功。就像前一章節所解釋的一樣，被稱為大腦記事本的工作記憶如果被塞滿，那就很有可能會陷入當機（動作暫停）狀態。

那麼，在這樣的情況下，我們該怎麼做比較好呢？

感覺卡頓的時候，翻回目錄

遇到這種狀況，基本上有兩個解決辦法。其一就是回到目錄。

翻回目錄，應該會有稍微鬆一口氣、變得輕鬆些許的感覺，對吧。目錄的頁數不多，而且幾乎都是已經看慣的內容。所以首要之務就是來來回回多看幾次目錄，不要讓讀書有中斷的機會。

最重要的是，不讓內文占據我們意識的焦點，資訊量就會降低，工作記憶的負荷也會因此減少，讀起來更加輕鬆愉快。目錄的頁數很少，所以重覆閱讀的次數可以增加許多，這一點也很吸引人。

再者，即使只是看了主題和大標，但在實際進入內文之後，感覺確實會跟一開始看目錄有很大的不同。那是因為一邊閱讀內文一邊回到目錄的過程中，先前看過文中主題和大標的記憶，會自然而然在腦中復甦。

為此，就算我們只是重覆翻閱目錄，但等同於也是在複習內文中所出現的主題和大標，而且每每再次閱讀，就會讓我們記得更牢，在腦海裡產生更多連結，記憶與理解也隨之獲得強化。

另外，覺得自己有點看不下去、卡頓的時候，除了翻回目錄這個方法之外，還有一個不錯的妙招，那就是回到這段時間所閱讀的起頭，整個重新再看一次。

一回到起頭的地方，立刻會變得很容易看得下去。因為只是重複閱讀已經看過的地方，所以全部的文字都會有一定的熟悉度，並且才剛看過的熱度，會帶給我們再次體驗（re-experiencing）的感覺，當然就沒有必要如此辛苦地讀書。

首要之務就是別停在同一個範圍內，而是要不斷重覆閱讀。如此一來，慢慢就會變得越來越輕鬆，當你覺得，讀起來輕輕鬆鬆再繼續往前讀就可以了。

然而，這往往都是在極小的範圍內不斷重覆，所以很容易不小心走回老路——用努力想要看懂的方式去閱讀，那就會落入既有的「一字一句慢慢讀」這樣的習慣之中，請務必多加留意。

就像這樣，在覺得窒礙難行的時候，回頭去看看目錄，或是回到這段時間所閱讀的起頭，如此一來就可以避免停頓，讓讀書繼續順暢地進行下去。

當你這麼做之後，讀書的範圍就可以輕鬆拓展。因為你的記憶將能互相串連，即使沒有運用工作記憶專注地將一個一個重點記下來，你也不會輕易忘記，那是因為你的專注力及工作記憶的資源並沒有被無端地消耗。

如果你可以在重覆閱讀的過程中，慢慢地擴大範圍，並且在看到主題和大標時，能夠輕鬆地反應過來，那就太好了。

步驟三：讀「理解」以及「看得下去」的部份

當你在看到主題和大標時，能夠輕鬆地反應過來，那麼慢慢地也會變得更想要看看內文了，對吧。

像這樣急著想要進入內文的情緒開始高漲，進而閱讀更加細微之處，也是「零秒閱讀」的重點所在。

因為當你心中那股「好想看下去」的情緒升高，專注力自然而然能夠集中，即使接下來刻意讓自己變得專注，也不會因此造成工作記憶的負擔。

不過，在進入內文之後，就像第二章所說明的重點一樣，當你從頭開始依照順序往下看時，千萬不要在看不懂的地方停下來慢慢鑽研，就為了要把它搞懂。基本上在遇到看不懂的地方時，根本就不該停下來慢慢讀，反而要趕快跳過去。

因為以「閱讀」來說，都是在「能看懂」、「能理解」的前提下，才會讀得饒有興致。

那麼，為什麼我們能夠理解的地方才會讓我們看得津津有味呢？

我在序章時已經說明過「速讀」的有效性，不過在此我將就看書或讀書的機制再次深入解釋。

說起看書或讀書，意思就等同於你從自己所看的書本之中，包含模擬試題本、講義等參考書，把情報資料下載下來，因此我們往往會把這件事情當作是「將既有的文章放入自己腦袋裡」的一種作業。

可能有人會覺得「對啊，不就是這樣嗎？」但事實上並非如此。

舉例來說，就在這個瞬間，你看著我所寫的文章時，是不是有用到本書以外的其他工具呢？

假設，我的文章是以阿拉伯語寫成的，那你還有辦法看這本書嗎？

對於曾經學過阿拉伯語，或是生活在阿拉伯語系國家的人，我們先不討論，但理論上應該大部分的人都看不懂吧。

你現在能夠閱讀我寫的這些文章，就是因為擁有中文的相關知識。運用這些知識，讓你可以看書、可以深入讀書。

這裡頭不單只有中文的知識而已。在既有的文章內容之中所運用到的相關知識，只要你也懂得一些，就可以看得下去，也可以透過閱讀學起來。

比方說，一本非常厚重的醫學專業書籍，專業性非常高，內容艱澀難懂，就算是用中文寫成的，恐怕也沒辦法立刻就看懂或理解。這是因為大部分的人並沒有醫學相關的知識或經驗。

所以，雖然我們常會認為自己是把參考書上的資訊下載下來，但實際上卻是運用自己當下所擁有的知識，甚至是過往經驗所累積而來的記憶（即資料庫），來進行閱讀或背誦。

「零秒閱讀」之所以會建議大家從自己理解的地方、可以看得下去的地方開始著手，也是因為那些都是記憶能夠派得上用場，或者是使用起來較為輕鬆的部分。

在記憶與理解內容的時候，不管你再怎麼一字一句慢慢讀、再怎麼拚命提高自己的專注力，充其量也只是硬把那些資訊情報塞進腦袋裡而已。這麼做並沒有辦法讓資訊和我們的記憶產生連結，因此根本難以理解，更遑論記下來。

拚了命刻意把難以連結的資訊塞進腦袋，只會壓迫工作記憶，讓大腦當機，類似像這樣白費力氣、徒勞無功的狀況可說是非常多。

跳躍式閱讀的關鍵點——「嘆氣」、「嘖」

重覆閱讀能夠理解的地方、看得下去的地方，或是自己想要看的地方，可以讓原本就理解的部分變得更清晰、更透徹，因此心裡也會覺得自己行有餘力。

說到能夠理解的地方，事實上還可以分成「理解一半」或是「理解八成左右」等等不同的程度。

透過不斷重覆閱讀，能讓自己更加深入理解，並且在這個階段所使用的工作記憶，不會占用到大腦的資源。

如此一來，在讀書的過程中都還沒接觸到的部分，會開始一點一滴地進入腦海。本來一直看不懂的地方，經過多次重覆閱讀，能夠漸漸理解，甚至會有「啊啊，原來是這樣啊」之

類的驚嘆。

甚至，那些你原先感到無計可施、完全看不下去的部分，慢慢地會產生變化。

不管是變得有心想要看看了，或者還是依舊提不起勁，但對於那些完全無法理解的地方，至少已經能夠知道「那些內容到底與什麼相關」。也就是說，你已經到了「知道自己不知道什麼」的程度。

即使只是看你理解的地方、看得下去的地方，或是自己想要看的地方，但在繼續往下看的過程中，終究你還是會感到提不起勁，而看不懂的部分也會不斷冒出來。

在這樣的情況下，大部分的人都會大聲地激勵自己「集中精神！」「加油啊！」然後努力看下去，但這卻是最大的錯誤。

原因就在於那是工作記憶的容量來到臨界點的訊號，而非專注力或毅力的問題。

就在你努力持續讀書的時候，工作記憶被塞得滿滿，因而之後所看的或背誦的，就難以跟記憶與理解產生連結，等於是徒勞無功。

當你有了「已經看不下去了啊」遇到卡頓的感覺，而不自覺「嘆氣」，或發出「嘖」聲，那麼想也不要想，跳過去就對了。

趕快轉移到下一個段落去，翻到下一頁開始面對新的部分。有時候直接換成讀別的考古題也可以。

我特別推薦翻頁這個方法。因為那會讓你感受到氣氛為之一變，你會覺得自己煥然一新，又可以繼續看下去了。

我想應該是因為這麼做可以把先前所讀的部分做個總結，並且做出區分，讓工作記憶能夠獲得釋放，所以接下來才能更有餘裕地繼續讀書。

感覺自己讀不下去、煩躁不已的時候，請不要再努力往下讀，趕快跳過去就對了。

遇到新的專業用語請先跳過

那麼，會讓大多數人忍不住嘆氣的關鍵點究竟在哪裡呢？

其實就是新的專業用語出現的時候。

我們人，除了會受到已經熟悉的東西所吸引之外，對於新鮮的事物也會深感興趣。因此，當新的用語出現的時候，很容易會瞬間吸引我們的注意力。

這件事情本身沒有任何問題。然而，很多人會翻閱後面的說明，一一去看關於專業用語的定義或意義，這麼一來問題就大了。

新的專業用語因為並不是平常熟悉的字眼，所以對於工作記憶來說負擔非常大。在這樣的情況下還要進一步去看用語的定義或意義，肯定會把工作記憶塞滿。

當然，如果你覺得還算可以輕鬆應付，那就繼續看沒問題，但若是有想要「嘖」出聲的感覺，即使只是稍微感到困難，都不應該再勉強自己讀下去。

說到對應的方法，就是先用一個代號來取代專業用語，並且跳過後面的說明解釋。

如此一來，只會有賦予代號的專業用語留在腦海裡。在重覆運用「零秒閱讀」去看內容的過程中，慢慢地我們就會對這個用語越來越習慣，所以就等到行有餘力的時候，再去研究它的定義或意義吧。

也就是說，要盡可能地用降低資訊量的方式讀書。

沒有必要一口氣把所有的資訊全都吸收進來。當自己將收納資訊的容器準備好之後，再慢慢地吸收就可以。

想要一次吸收大量資訊，會造成大腦的混亂，別說是專業用語的說明，甚至就連名詞本

看不懂就不要再努力，趕快先跳過去吧！

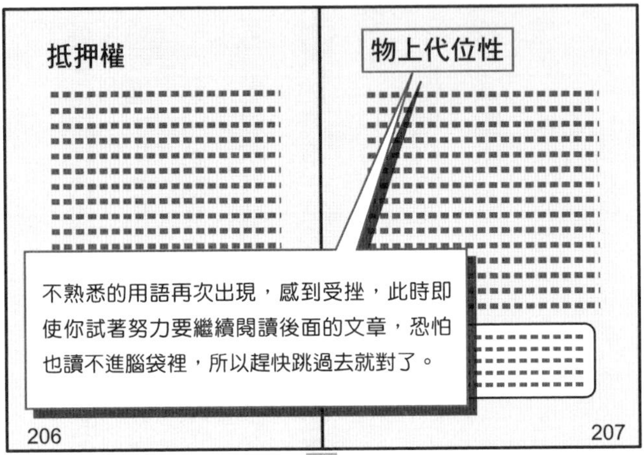
抵押權
物上代位性
不熟悉的用語再次出現，感到受挫，此時即使你試著努力要繼續閱讀後面的文章，恐怕也讀不進腦袋裡，所以趕快跳過去就對了。
206
207

工作記憶已經塞滿，再努力讀都是白費力氣。

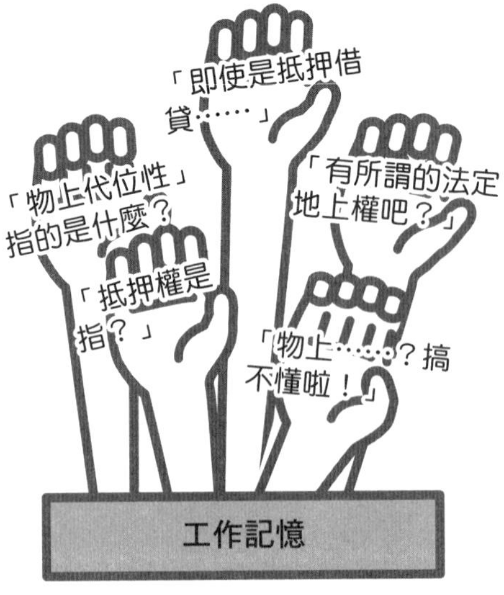
「即使是抵押借貸……」
「物上代位性」指的是什麼？
「有所謂的法定地上權吧？」
「抵押權是指？」
「物上……？搞不懂啦！」
工作記憶

大腦有個區域會暫時保存記憶，並用來進行計算及思考等「相關作業」，這就是所謂的「工作記憶」，也就是「working memory」。工作記憶的容量相當小，很快就會被塞滿。由於新的用語之類的資訊，沒有辦法馬上和既有的記憶相互連結，所以會占據工作記憶的空間，壓迫到整體的容量。

身都可能記不下來，這一點一定要特別當心。

遇到無法理解的部分，急急忙忙地想要吸收資訊，是一件危險的事情。

此時反而更要仔細確認自己已經理解以及無法理解的部分，別勉強自己吸收資訊，而是要重覆閱讀可以理解的地方，慢慢地讓自己能更深入地熟悉所有內容，這樣的作法會更有效率。

步驟四：即使不看內容，理解文章結構也可以達到閱讀效果

「零秒閱讀」運用在閱讀內文的方法，就是只看容易讀的部分、看得下去的部分，以及看已經理解的部分。另外還有一個非常重要的閱讀方法。那就是「即使不看內容，理解文章結構也可以達到閱讀效果」。

在讀書的時候，我們可以先把「內文」獨立出來，單就「結構」來看，也就是當「讀不

下去了耶」、「搞不懂啊」之類的狀況出現時，就去看中文本身的結構。

除了語言考試之外，大部份的考試都是以中文出題，因此就算是遇到「無法理解的專用語」，或是「無法理解這個部分的文章所要表達的重點」等狀況，多多少少還是有一些看得懂的單字。

比方說我們應該都看得懂「我是……」「你是……」這種揭示主詞的表現用法，或是「然後」、「但是」這類的連接詞。

把內容擺一邊，先專攻文章結構，意思就是不要管內容在說些什麼，只要專注在我們「看得懂」的地方。

以文章的結構來說，基本上應該都會有「人物與事件」。**就算看不懂「人物與事件」的詳細「內文」，但還是可以了解基本「結構」，也就是能看懂闡述「人物」的部分在哪裡，闡述「事件」的部分在哪裡。**

「把內容擺一邊，先專攻文章結構」的閱讀方法，就是當我們無法理解「內文」的時候，只要能夠藉著「文章結構」而稍微有所理解，就會感覺自己受到吸引、想要試著讀讀看。

其他像是「做了○○的時候，就會帶來ＸＸ」之類帶有特定條件的文章，在講義或是模擬試題中也經常可見。這種情況也是如此，我們看了就會知道「雖然不曉得究竟在說什麼，但就是能夠了解此處所寫的就是某種條件」。

這也是運用「把內容擺一邊，先專攻文章結構」這個讀書方法的一個好時機。不要管內容，而是先把注意力放在文章的結構上。

畫重點是為了「讓下一次的閱讀更加容易」

如果能夠看得懂文章構造，那麼在讀到的資訊上畫重點也是關鍵之一。因為畫重點能讓你下一次閱讀更加得心應手。

然而，雖然說要畫重點，但沒有必要太過仔細。總之就是刷刷地迅速進行，務必做到「零秒」就畫好。比方說，用〇把主詞和述語圈起來，或者是畫一條線即可。

總之就是讓自己可以在下次讀書的時候，一眼就看懂現在讀的部分是什麼樣的結構。只要零秒，不須耗費工夫，就可以讓自己下次讀書更加輕鬆，這就是重點所在。

即使看不懂內文，從文章構造也可以達到閱讀效果

刑法

(1)根據刑法第兩百四十條規定，強盜殺人罪將處死刑或無期徒刑。另一方面，殺害人質罪並不屬於刑法的範疇，因此施行在人質身上的強制行為，應依刑法第四條之規定處以死刑或無期徒刑。

(2)刑法第三十八條第一項，明載故意殺人之相關規定。並非故意殺人，但卻藉由暴行或傷害致他人於死地的狀況，則不應採用殺人罪，而是適用於傷害致死罪。沒有故意殺人或暴行傷害的意圖，卻因為過失而導致他人死亡的狀況，則以過失致死罪論之（業務上的過失致死或是重大過失致死）。無論是哪一種狀況，皆可由檢察官向法庭提出申請。

(3)刑法第兩百條明定殺害眷屬的刑期，凡殺害自己本身或配偶的直系親屬者，應處死刑或無期徒刑。然而，日本憲法第十四條規定「法律之前人人平等」，因此這條刑罰由於太過嚴苛，最終在一九七三年（昭和四十八年）時，由最高法院裁定違憲（此為殺害眷屬法定刑責違憲事件）。

(4)自此之後，即使所殺之人為眷屬，仍依刑法第一百九十九條的一般殺人罪論處，而非以第兩百條的眷屬殺人罪來判刑。一九九五年（平成七年）的刑法改革時，已一併將此條款刪除。

一開始的「刑法第三十八條第一項」多少還看得懂，但後面的文章還那麼長，讓人提不起勁往下看。所以趕快跳過去，直接看到最後面的地方，「無論是哪一種狀況，皆可由檢察官……提出申請」，這句話較短，可以看得下去，因此就先把重點擺在這裡。如此一來我們就可以從「無論是哪一種狀況」這一句，往前去關注前面文章所提到的「狀況」，因而能掌握到「有兩個地方寫到了『狀況』」。

一開始我們大約只能看得懂「刑法第兩百條」以及「殺害眷屬」這兩個字眼，因此就把重點放在這裡，先以「刑法第兩百條就是殺害眷屬的相關規定吧？」這樣的想法來掌握這部分的內容。接著由於出現了「然而」，所以就會讓人認為後面是要「撰述反面的論調吧？」因為感到有些唐突，所以後面的文章內容就先飛快地翻閱過去就好。

（上面的閱讀方法單純只是範例，實際情況還是會依閱讀者的程度而有所變化。）

*此處的舉例皆為日本刑法內容

這樣的作法跟一直以來大家在讀書時所採行的畫重點有所不同。一般大家泰半都會在自己認為「這裡很重要」的地方畫上底線，或是用螢光筆畫線加以強調。

然而以「零秒閱讀」來說，並沒有在重要的地方畫線的道理，因為說到底那都是為了讓自己下一次讀書，可以讀得更加輕鬆才會去做的事情。

「零秒閱讀」會就同一本書重覆看好幾次，在當下閱讀的地方做出的任何標示，都是為了讓下次的閱讀能夠多少變得輕鬆一些，並且不要增加工作記憶的負擔，甚至達到減輕負擔的效果。

所以這也可以說是為了讓自己讀得更輕鬆，而對書籍進行「編輯」吧。任何一本書都一定會透過編輯讓內容變得更加容易閱讀，就連現在你所看的這本書也不例外。

好比說，若是能夠做到像本章節的步驟二所提到的「率先閱讀主題及大標」，那麼我想任何人都可以輕鬆掌握。

原因是什麼呢?主要是為了強調主題或大標，所以字體或字級的大小都跟內文有所不同，這就是編輯過後的結果。如果主題、大標都跟內文相同，那就會很難閱讀。

同理可證，不只編輯人員可以，身為讀者的你可以用自己的方式進行編輯。為了讓自己閱讀起來更加輕鬆，就照著自己的意思去編輯書本的內容吧。

不同的人，看相同版本的考古題，讀起來的輕鬆程度，本就會因為每個人的知識水準不同而有所差異。況且，強化重點的方式每個人各有偏好，是因人而異的，所以相對來說，能否輕鬆閱讀的程度也大不相同。

除了大小以及粗細之外，另外也可以多加運用「麥克筆」之類的水性筆，如果你覺得更換顏色是必要的，那就儘管換吧，沒有任何問題。

無論如何，首要之務就是請你畫出重點。實際動手畫，你就會知道哪些內容對自己來說是可以輕鬆閱讀的。

為了讓自己讀起來更輕鬆，就照著「自己的風格」，自由隨性地進行編輯吧。

不需要過度解讀結構

不過，請不要在解讀文章結構上太過認真。

「零秒閱讀」這個閱讀方法，並不是要讓人看懂內容，而是教人去看那些能夠理解、能

讓讀書變輕鬆的畫重點方法

因為「強盜殺人罪」和「殺害人質罪」兩者是互為對比的，所以把這兩個詞都圈起來。要先把所有的內文都看過一遍也可以，不知道兩者之間有什麼不同也沒關係。

為了更加凸顯前面說明的是「強盜殺人罪」，後面的則是「殺害人質罪」的範疇，所以置入斜線將其區分開來。另外，就較長的內文來說，在認為「這是一個段落」的地方做出標記，讀書起來會更加容易。

刑法

⑴根據刑法第兩百四十條規定，強盜殺人罪將處死刑或無期徒刑。/另一方面，殺害人質罪並不屬於刑法的範疇，因此施行在人質身上的強制行為，應依刑法第四條之規定處以死刑或無期徒刑。

⑵刑法第三十八條第一項，明載故意殺人之相關規定。並非故意殺人，但卻藉由暴行或傷害致他人於死地的狀況，則不應採用殺人罪，而是適用於傷害致死罪。沒有故意殺人或暴行傷害的意圖，卻因為過失而導致他人死亡的狀況，則以過失致死罪論之（業務上的過失致死或是重大過失致死）。/無論是哪一種狀況，皆可由檢察官向法庭提出申請。

⑶刑法第兩百條明定殺害眷屬的刑期，凡殺害自己本身或配偶的直系親屬者，應處死刑或無期徒刑。/然而，日本憲法第十四條規定「法律之前人人平等」，因此這條刑罰由於太過嚴苛，最終在一九七三年（昭和四十八年）時，由最高法院裁定違憲（此為殺害眷屬法定刑責違憲事件）。

⑷自此之後，即使所殺之人為眷屬，仍依刑法第一百九十九條的一般殺人罪論處，而非以第兩百條的眷屬殺人罪來判刑。一九九五年（平成七年）的刑法改革時，已一併將此條款刪除。

運用橫線把文章分段，文字的量就不會超過負荷。在文字量偏多，大標卻很少的情況下，就可以用這樣的方式來替代大標的功能。

在看得懂結構的地方，畫些重點讓下次閱讀可以看得更迅速。文字若能減少，工作記憶的負擔也會降低，讀起來更輕鬆。

（上面的閱讀方法單純只是範例，實際情況還是會依閱讀者的程度而有所變化。）

*此處的舉例皆為日本刑法內容

夠輕鬆閱讀，而且感覺看得下去的部分。

這一點跟「把內容擺一邊，先專攻文章結構」是一樣的。**當然就文章結構來說，依舊適用「不要試著想搞懂」這條鐵律，也就是說，即使是文章結構，同樣都是要從能夠理解的地方開始看。**

比方說，前面曾介紹「專注在主詞及述語」的閱讀方法，就這個主題來說，應該就會有人一心一意想要知道「哪一個是主詞？」「哪一個是述語？」並在閱讀過程中把焦點都擺在這上面。

比如，在主詞及述語上畫圈，藉以凸顯這兩者，但這是偏離「零秒閱讀」精神的作法。因為這樣的閱讀方式，主要用意是為了搞懂哪個是主詞、哪個是述語所做的努力。

如此一來，閱讀本身就會呈現機械化的狀態，並且偏離原本的目的。畢竟以「零秒閱讀」為目的，主要是為了看懂並理解考古題及講義所寫到的內容。

「把內容擺一邊，先專攻文章結構」，單純只是閱讀方法的其中一種，而並非目的。

就算我們所面對的是文章結構，努力想要搞懂也同樣會造成工作記憶的無端浪費。這跟想要搞懂內容而拚命鑽研是一樣的道理。

到目前為止，或許你覺得自己都能夠下意識地理解「這應該是主詞、這應該是述語」，或者「這裡應該是顯示出條件吧」之類的內容，但只要它當作是直覺式的反應就好。

閱讀結構的時候要注意「連接詞」

運用「把內容擺一邊，先專攻文章結構」這個方法讀書，我特別建議讀者把重點放在「連接詞」上。比如「然後」、「但是」、「比方說」、「總而言之」等等的連接詞，幾乎都能夠看出文章的結構、掌握內文的脈絡。

首先，連接詞非常容易理解。即使沒有放在主題或大標，看起來也還是很顯眼。因此，除了概略地追著主題或大標跑之外，追著連接詞跑也是一種閱讀方式。

另外，由於連接詞很容易發現，所以類似像「雖然完全看不懂內文，但是此處似乎提出了什麼相反的意見、此處好像彙整了些什麼，還有此處則點出了具體的事例」這種可以光從文章脈絡就掌握到大致內容的情況還挺常見的。這時採用專注於脈絡的方法也是可行的。

透過連接詞所理解的部分，都可以在考古題中一一標註出來。雖然說是要畫重點，但基本上那是幾乎零秒就可以簡單完成的事情。就像前面所介紹的，即使只是畫一條旁線而已也足夠。

其他還有遇到「這裡點出具體事例」的情況，在一旁寫一個「例」字也很好，對吧。或是看到「總而言之」、「總歸一句話」、「總之」之類的詞句，揭露文章寫到這裡「會做個歸納總結！」所以即使後續的內容都看不懂，也要在該處畫上一個圈，這也是一個方法。

根據上述的作法，能讓我們在下次讀書的時候感到更加輕鬆，而且一開始可能連內容都看不下去，但現在慢慢地可以提起動力，會想要翻閱內容了。

以上就是「零秒閱讀」的「四大步驟」，請務必根據：①「目錄」；②「主題、大標」；③「能夠理解的地方」；④「文章結構」此四個步驟來讀書。

重點一：藉由調整難易度來避免卡頓

「零秒閱讀」最重要的地方，就在於停頓的時間為「零秒」，也就是不做任何停頓。

接下來所要介紹的「四大重點」，就是為了讓我們都能意識到這件事。

首先，為了做到無需勉強也能毫無卡頓，就要從容易看得下去或較有興趣的部分開始讀起，藉由調整到「剛剛好的難易度」，讓自己能持續往下閱讀。這就是第一個重點。

把難易度調整到適合自己的程度，感覺就像是在玩遊戲一樣，這麼一來更容易讓我們在準備考試的時候堅持到底。

玩遊戲時如果難度太高，馬上就會敗下陣來，感到挫敗不想繼續。相反地，如果太過簡單，就不會有變厲害的感覺，當然也會讓人覺得無趣。在玩的過程中維持適當的難易度，是遊戲引人入勝的重要關鍵，更是讓人適應遊戲的基本條件。

恰到好處的難易度，不僅對遊戲本身來說相當重要，同時也是讓人可以一股腦投入，充分展現高度專注力的基本要素，這樣的現象稱之為「神馳狀態（Flow）」。

神馳狀態還有另外一個說法是「化境（Zone）」，無論是神馳或是化境，要進入這個境

界的鑰匙，就是任務的難易度。不要太難，也不要太簡單，可以說稍微有點難度是最恰到好處的。

所有的運動選手或是藝術家，在進入「神馳狀態」的時候，都能夠拿出好的表現。

由於「零秒閱讀」並沒有要你從頭開始按照順序一一閱讀及理解，所以你可以自己調整難易度。在這樣的情況下，你可以一面針對書本設定恰到好處的難易度，一面順順地往下讀、不要停頓，只要進入神馳狀態，就有機會可以用高度的專注力進行高品質的讀書。

將難易度調整到最適合自己的程度，同時在讀書的過程中盡量避免卡頓。以此為核心，好好地活用前面所介紹的讀書方式，並且讓自己進入神馳狀態吧。

重點二：試著用限定時間的方式來讀書

雖然「零秒閱讀」是跟傳統的閱讀方法大異其趣的一種技巧，不過有一個很簡單的方法可以讓人迅速適應。那就是事先決定好某個範圍所需的閱讀時間，並且在那段時間裡，將讀書擺在第一位。這就是第二個重點。

具體來說，假設我們預定用五分鐘讀完某個範圍的五十頁考古題，那麼無論如何就要在五分鐘之內完成。

當然，有些部分就算你非常努力投入，依舊難以得到太大的收穫，所以看不懂的地方就跳過去，這沒有任何問題。要把任務設定得更簡單一點也沒關係，像是可以在這五十頁的範圍內先都只看大標。

總之就是不要讓自己停頓下來。如果進入內文之後，感覺看得很痛苦，那就回到看大標就好；若是連大標都覺得看不下去，那就跟面對內文的時候一樣，用我的話來說就是調整「概略程度」，務求優先把決定好的範圍看完。

這麼一來，你就會越來越習慣「零秒閱讀」。

這些新的讀書方式，諸如「閱讀可以理解的地方，避免卡頓」、「只看大標」、「遇到卡頓看不懂的時候，立刻跳過去」等等，你都可以自然而然地活用。養成習慣之後，你將不會再恢復到傳統的閱讀方法。

如果你可以毫不停頓地持續讀書，那麼範圍以及重複的次數理所當然會增加，在考古題之中，你能夠理解的範圍也會漸漸地擴大。這麼一來，你應該就可以非常清楚地感受到「零秒閱讀」的效果及優勢。

事先決定讀書的範圍及時間，是強制施行「零秒閱讀」的一種技巧。請一定要試試看這個方法，記得可以善用智慧型移動裝置或手機的計時功能，或直接使用料理計時器。

另外，**這個方法還有一個令人意想不到的附加效果，就是在時間受到限制的情況下，專注力會提高許多**。

一想到時間只有五分鐘，就會趕緊投入，不會任由自己胡思亂想，這樣當然可以用高度的專注力讀書。

一般人在讀書的時候，總是心想自己「沒有充裕的時間……」然而每當好不容易期盼已久的「充裕時間」到手，除了認真地讀書之外，還會根據不同的狀況而去忙著做其他的事，像是上網查資料，或是用另外一隻手抱著參考書埋頭苦讀。跟這種傳統的閱讀方式比起來，相信你一定能在運用「零秒閱讀」時，實際感受到數倍，甚至是數十倍以上的效率與效果。

重點三：「每天都要將全部的範圍循環一遍」是基本功

就「零秒閱讀」來說，是不是一天看多少範圍、用什麼樣的頻率讀書都可以呢？

基本上，標準值就是「每天將全部範圍都循環一遍」，這也是重點三的內容。

然而，這裡所指的「全部範圍」，並不是所有範圍內的種種細節，概略看過也沒關係。還有「循環一遍」意思是最少要有一遍，但是要看幾遍、幾十遍也都可以。

基本上，「循環」就是「讀書」的意思，但因為「零秒閱讀」是以「重覆進行」為前提，所以才會用「循環」這個詞。

在「零秒閱讀」中，重點在於只看大標、只看能夠看得下去的地方，當然也非常鼓勵大家用跳躍式閱讀的方式進行。

雖然說是「每天都要將全部範圍循環一遍」，但循環時只挑範圍內的大標或主題來看，也是其中一個方法。就算只有循環了匯集大標及主題的「目錄」，也可以當作是「循環了全部範圍」。所以請重覆多循環幾次吧。

說得極端一點，有許多科目的考古題，光是看主題就可以視為把全部的範圍循環過一

遍，像是「民法」或「憲法」的主題等等。

可能有人會覺得「這樣根本就不算是在讀書」。

但是，即使是那樣的「概略程度」也不會造成任何問題，所以請把「每天都要將全部的範圍循環一遍」當作是自己的基本步調。

有很多人會在讀完一天的書之後，責備自己「今天沒有達到〇〇目標」、「沒有辦法順利完成□□」等等，相信你也應該有類似的經驗。把時間用在這種地方真的相當浪費。

如果你對於某些部分相當在意，那倒不如一口氣將概略程度提高，把自責的時間用來閱讀或是回想一下那些內容。每天將全部的範圍循環一遍，不僅可以消除奇怪的疑慮，還能讓人專注在考古題或講義的閱讀上。

藉由「全部範圍循環一遍」來測試自己每天的狀況

另外，每天都將全部的範圍循環一遍，也是為了正式考試到來的那一天所做的準備。應該有很多人會希望能在考試當天的早上或是前一天，至少把全部的範圍都重新復習一遍吧？以「每天都要將全部的範圍都循環一遍」的作法來說，其實有沒有深入細節處是有差別的，而且考試當天或是前一天的狀態，會讓我們留下深刻印象，因此能帶來非常大的幫助。

在剛開始準備考試的階段，別說是細節處的記憶與理解，就連讀書也還稱不上呢。運用「零秒閱讀」持續讀書，應該就能讓你慢慢地深入細節處，然而一開始的時候，對於不了解的地方會採取消極的態度，就連循環的過程，精準度也應該相當粗略。這個粗略的精準度，就是我們在正式考試到來的那一天之前，需要加以弭平的差距。

詳細內容將會在下一章節的「零秒測驗」之中一一說明，在此我想說的是，每天將全部的範圍都循環一遍，等同於是在測試自己每一天的狀況。

這麼做能讓「現在的程度」與「考試當天我們想要達到的狀態」之間的差距凸顯出來，因此每天都能實際感受到需要做的努力還有哪些，以及自己必須讀書到什麼程度。

為了達到考試及格目的，弭平落差可說是必要條件，如果能夠做到，那麼應該就離及格不遠了。倘若你真的很希望自己能夠及格，那就讓自己的身心都開始動起來，為了弭平落差而努力吧。

很多時候我們會有「讀不來」、「看不下去」之類的想法，都只是因為沒有辦法明確地看到差距，沒有具體地讓差距顯現出來而已。

事實上不只讀書如此，試著聽聽那些因為「遲遲無法展開行動」而煩惱不已的人，嘴裡的抱怨之詞，就可以知道他們幾乎都不知道自己到底該做些什麼。

為了達到既定的目標，中間一定有必須弭平的差距，如果能夠具體而明確地知道弭平差距所該做的事，那麼不管是誰都一定會開始動起來的。

重點四：用玩拼圖的方式讀書

不要讓自己停頓下來的最後一個重點，就是「用玩拼圖的方式讀書」。

你在玩拼圖的時候，會採取什麼方式進行呢？

拼圖的第一步是「找邊」，組成外圍的拼圖很容易分辨，相信有很多人會先從這個部分開始拼起。

接著下來才是真正的問題所在。無論是從上面開始順著拼，或是從右邊開始順著拼，我們都會照著順序一片片尋找拼圖。

但恐怕並不好找。相較之下，還不如把容易辨認的拼圖聚集起來，並從這些部分開始拼起，像是圖案特徵明顯的，或是具有特殊顏色等等。

除此之外，稍微能夠辨識的部分，以及已經可以組合的部分，我們都可以先著手進行。

你會發現先把能拼的部份都拼出來，原本難以辨認的區塊也會慢慢跟著浮現，像這樣先把容易辨認的地方拼起來，就可以讓曖昧不明、沒有什麼特徵可言的部分，慢慢地顯現特徵。

一開始不懂的地方很多，理解的部分也還不是很清楚，所以資訊量會非常龐大，直把工作記憶都塞得滿滿的，讓人就連思考的餘裕都沒有。

在這樣的情況下，先從容易理解的部分開始進行整合，經過一番處理之後，資訊量就不再如此驚人，工作記憶也不會被吞噬殆盡，因此我們便能好整以暇地進行思考。

慢慢地，那些我們看不懂的特徵或差異，都可以一一釐清，即使遇到不懂的地方，也能輕易地分辨出哪些是懂的、哪些是不懂的，甚至更能進一步深入了解細節處的內容。

就像序章所說的，因為文章的結構是「一條線」，所以我們在閱讀時都會下意識地被結構帶著走，呈現為了「讀懂內容」而從頭開始依序「一字一句慢慢讀」的傾向。

因此，為了不要讓自己被文章的結構帶著走，也為了做到「零秒閱讀」，請試著用「不是看文章，而是在玩拼圖」的意象去讀書吧。

如此一來，你就會自然而然在讀書的過程中，概略性地將所知的部分串聯起來。

第 4 章

零秒測驗

即時回饋，快速確認讀書效果

會變得「想要記住」、「想要背下來」？

雖然有點突兀，但在此我要提出一個問題。

「零秒速讀法」是由四個「零秒○○」所組成，請問在四個「○○」之中，你還記得哪一個？

「唔……是什麼來著？」

應該有很多人沒辦法立刻就說出四個答案吧？

如果有人是從頭開始照著順序看下來，那麼應該有把前面兩個章節的說明內容看完。大家一定都覺得馬上就可以回想起來是理所當然的事情，然而真的實際測試過之後，才發現想不起來的大有人在。

幾乎所有人都沒辦法做到「零秒解答」的程度。

沒錯，第一個答案就是「零秒解答」。

看到這裡應該有很多人開始嚷嚷：「對啦對啦，就是這個！」順便把第二個答案也帶出來吧，那就是「零秒閱讀」。

我想應該不至於有人會真的全部忘光光，但說實在的，你是不是對於自己沒辦法馬上回想起來而感到相當詫異呢？

基本上，我們所記得的事物，沒有自己所想像得那麼多。

那麼，接下來能不能請你當著他人的面前，把「零秒解答」跟「零秒閱讀」說明一遍呢？這兩者究竟是什麼？具體來說到底該怎麼解釋呢？

沒有辦法很快就說出來，那也無可厚非，不過，是不是有很多人會覺得「咦？我明明覺得至少可以做一點說明的……但能說得出口的卻沒有腦中所想的那麼多。」

儘管在看書的時候都覺得自己看懂了，心裡不停想著「原來如此！」「是這樣啊……」但真正要說明的時候，卻瞠目結舌說不出話來。我想，你應該或多或少感覺到兩者之間的差距了。

閱讀書本或是聽人說話都是如此，我們往往覺得自己已經「充分理解了」、「牢牢記住了」，但真的實際去回想的時候，才了解到原來記得的、了解的，沒有自己想像中多。

快速確認讀書效果的「零秒測驗」

在準備考試的時候也會發生同樣的狀況。

或許你也曾經在過往的考試之中，遭遇過這種「認為自己理解」、「認為自己記得」之類的慘痛經驗。

「咦……這個明明在學校上課時曾聽過啊。」

「唔？我記得自己做過類似的問題啊……怎麼就是想不起來。」

沒錯，在準備考試的時候，明明覺得自己已經「充分理解了」、「牢牢記住了」，但真正上了考場卻怎麼也想不起來。

為了要消除「充分理解了」、「牢牢記住了」之類的想法，自己必須非常清楚哪裡已經理解了、哪裡還沒搞清楚。當然最重要的是，每天在準備考試的時候，都要確認自己記住了哪些，而哪些是還沒記住的。

想要做到這一點，需要仰賴第三個「零秒」，也就是「零秒測驗」。

可能有不少人一看到「測驗」這個字眼就不自覺地感到厭惡。書讀得很好，或是很喜歡讀書的人暫且另當別論，但基本上透過考試的機制，任由他人來評斷自己的程度，並藉由成績來直接判定合格與否，恐怕本身就不是一件會讓人感到愉悅的事情。

「零秒測驗」的作法，就是每天在讀完書之後，立刻就對自己進行測驗。可能有人看到這裡，就已經開始驚呼「什麼？拜託饒了我吧！」

然而，「零秒測驗」所指的測驗，跟你所想像的有些許落差。沒錯，測驗的目的是為了確認你的讀書成效，而不是用來評斷你本身的實力。

這麼做只是為了讓你明確地看清楚自己當下的所在位置。

當你要去某個地方的時候，假如自己身在何處，以及當下的狀況、所在位置等等，一概都不清楚，真的沒問題嗎？

無論我們要去哪裡，確切地了解自己位在何處是必要的。

「零秒測驗」所要做的測驗，就是要讓你確切地了解自己的現狀、自己的所在位置。

沒有回饋，學習無法進步

我們舉個例子，比方說你正在練習一項運動，不管是足球、籃球、網球都沒關係。如果你不知道自己所踢的球、所投的球，或是所打出去的球，會飛往哪裡，那會是什麼樣的情景呢？

當然，一般來說只要好好緊緊盯著球的前進路線，就可以知道球往哪裡去。但如果沒能做到會怎麼樣呢？

恐怕就沒辦法好好練習了吧。

就是因為你能夠在採取行動之後，馬上就理解相對應的結果，或者是說可以馬上就得到回饋，所以你才能從中獲得學習的機會，藉由修正自己來做到踢球進網、投中籃框或是打往自己瞄準的地方。

讀書也是一樣的道理。把書讀完之後，沒有任何修正或做進一步的確認，就這樣放著不管……換成運動的角度來看，等於就是沒有緊緊盯住自己的球前進的方向，最後導致球到哪裡去都不知道。

當然，在讀書的過程中，自己往往都會覺得「這裡已經背下來了」、「這裡已經充分理解了」，藉著這樣的方式來做自我確認。

然而，正如本章節一開始的四個「零秒○○」小實驗所得到的結果一樣，我們所記住的、所理解的，並不像自己所想的那麼多。

這很有可能也是第二章所介紹的「流暢性錯覺」的陷阱。也就是說，當我們非常順暢地閱讀文章時，就會產生「自己已經理解內容且記住了」的傾向，但實際上理解及記憶的狀況並不如自己的想像。

這恐怕就不能說是高品質的讀書過程了。

因此，我們才會需要透過「零秒測驗」來即時檢視自己記憶多少、理解多少。

「零秒測驗」的本質是「回想」

那麼，該怎麼做才能即時且確切地得知自己到底記憶多少、理解多少呢？

其實，方法非常簡單。就只要讓自己「回想起來」，如此而已。

可能你會覺得「就這樣？」但基本上真的就是如此。

只要你在讀書的當下，稍微抬起頭想一想自己剛才讀了什麼？記住了什麼？是否有理解內容？這樣就夠了。是不是真的只花了「零秒」，轉瞬之間就能辦到呢？所以才會說這是「零秒測驗」。

實際試著做看看你就會知道，就連剛剛才看完的內容，儘管你認為應該全部都看懂了，但令人驚訝的是自己根本記不得。

在學校或是補習班上課的時候也是如此。課程中或是剛上完課的時候都可以，只要試著去回想，就能夠做到「零秒測驗」。

不過在進行「零秒測驗」的時候，必須要從容易理解以及已然記住的地方著手。因為容易理解的部分，在讀書的時候可以一口氣看過去。

但這並非意味著讀書或是聽講的時候覺得很容易懂，就等於自己「已經充分理解」、「之後也都會記得」。

就像第二章節所介紹的內容一樣，大腦的學習原理是「概略地進行記憶與理解，並在不斷重覆的過程中，慢慢地讓自己了解並記下來。」所以想要一次記下且理解細節處，可能性非常低。

當你覺得自己「終於弄懂了！」「確實記住了！」請一律質疑自己是否只是「認為自己理解」、「認為自己記得」，並透過「零秒測驗」來加以確認。

現況與目標的差距，可以激發努力讀書的欲望

「零秒測驗」當然是要用來確認自己是不是真的理解了、真的記得了，**但更重要的是，可以一併確認自己的「反應速度」，也就是需要花多少時間才能想起來或說出來。**

還記得在「零秒速讀法」的宗旨中，我們的目標是考試當天要達到什麼樣的狀態嗎？

沒錯，就是無需思考，馬上就可以回答問題，必要的知識一瞬間就能回想起來的「零秒解答」狀態。想知道跟這個目標比較起來，自己現在的程度大約落在哪裡，必須靠「零秒測驗」確認。

「零秒測驗」馬上確認！

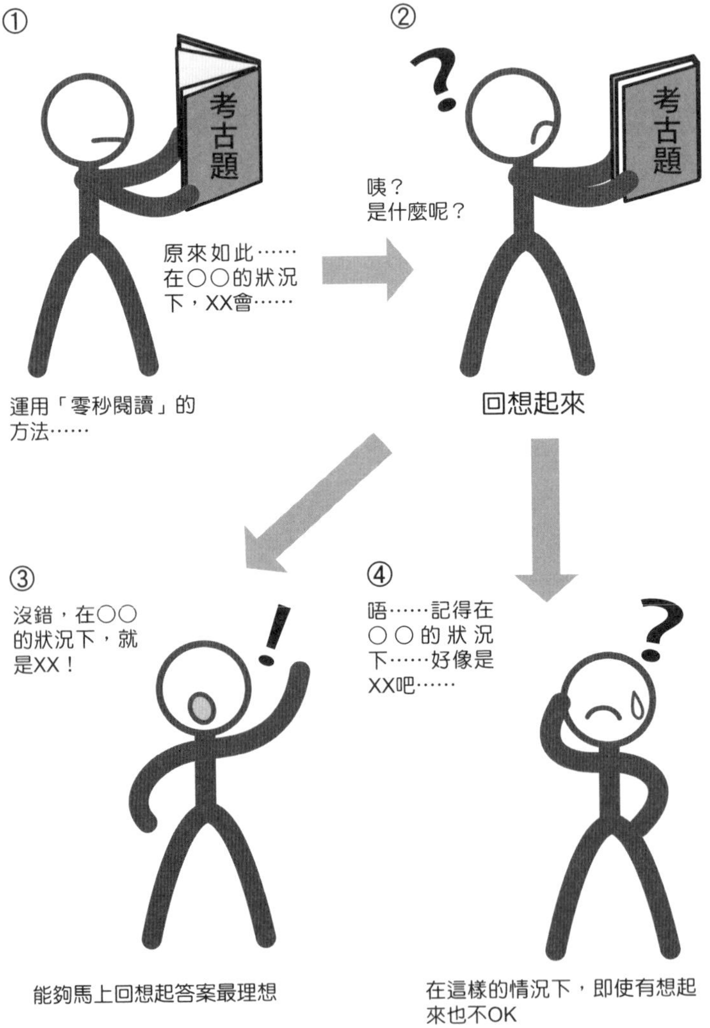
①
考古題
原來如此……
在○○的狀況
下，XX會……
運用「零秒閱讀」的
方法……
②
考古題
咦？
是什麼呢？
回想起來
③
沒錯，在○○
的狀況下，就
是XX！
能夠馬上回想起答案最理想
④
唔……記得在
○○的狀況
下……好像是
XX吧……
在這樣的情況下，即使有想起
來也不OK

跟一般傳統的閱讀方法比起來，運用「零秒閱讀」的技巧來看講義或參考書，可以正確地了解到自己理解的有哪些、不懂的有哪些；記得的有哪些、不記得的有哪些。

想要更進一步嚴格區分理解的、不懂的；記得的、不記得的，並且確切了解自己當下的現況，包含反應的速度等等，就必須要仰賴「零秒測驗」。

然而，當你進行「零秒測驗」，即使沒辦法順利回想，倒也沒有必要太過失望。根據與記憶相關的實驗顯示，我們人的記憶都是從最近期的開始慢慢遺忘，尤其是剛記住的會更加快速地忘卻，這是已知的事實。

另外，雖然說已經理解的事物就不容易忘記，但隨著記憶漸漸消退，理解也會跟著變淡。

因此，雖然我們在讀書或是聽講的當下，覺得自己「已經懂了」，可惜隨著時間流逝，我們還是會變得想不起來。

最重要的事情是，我們一定要確切地知道自己哪些理解、哪些不懂、哪些記得、哪些不記得。只要能夠知道這些，你就會有再多讀一點、再多聽一點的動力。

例如看到本篇一開始的四個「零秒」，你會試著要回想起來，或是尋求說明。在這個過程中，你會知道自己只是「認為自己理解」、「認為自己記得」，因此心中便會產生「多看一次藉以確認自己狀況」的想法。

同樣的道理，**透過「零秒測驗」可以讓我們確切地知道自己當下的狀況，這麼一來與目標之間的差距就會變得具體而明確，為了弭平差距，想要好好讀書的欲望就會油然而生。**

讓我成功考上東大的「零秒測驗」

透過「零秒測驗」一邊確切掌握自己本身的狀況一邊持續讀書，你將會發現以前那種在現狀曖昧不明的情況下苦讀的傳統方法，效率有多麼低、有多麼不值得信賴。

話雖如此，但剛開始施行「零秒測驗」的時候，多少會讓人感到有些痛苦，說不定還會想要回去使用原本的讀書方法。因為如果你發現自己居然想不起來今天苦讀的內容，那真的很令人挫敗。

事實上，我自己是在高中三年級接受大學入學考試時，開始運用「零秒測驗」的。當時雖然我還沒有將這個方法命名為「零秒測驗」，但已經開始會試著「回想」一整天的讀書範圍。

我的第一志願是日本東京大學文科二類組，因此第一次的共同測驗（現在為入學中心測驗），加上第二次測驗，都有英語、數學、國文、社會等科目，範圍可說是非常廣，必須背下來的知識量也非常龐大。我對於自己到底有沒有背好感到非常不安，但還是逼自己拚命地背誦新知識。

有一天，當我從學校回到家的時候，當時正在讀的世界史教科書內容，突然浮現在我的腦海。然而在那個當下，我所想到的都是模模糊糊的內容，這讓我感到非常錯愕。

雖然我心頭一驚，覺得「這下可糟了……」但一察覺到這件事，我便決定暫時逃避「回想」，這就是我的應對方法。

事實上，詫異的感覺之所以會如此強烈，就是因為我覺得自己「應該記得更多才對啊，應該都懂才對啊」。說不定你也有同樣的經驗，當你面對自己**「竟然什麼都不記得、什麼都不了解」，就精神層面來說真的非常難受**。

不過，既然我已經得知這樣的事實，而且也覺悟到那是無法逃避的，於是想說不如開始養成回想的習慣。結果我就開始每天翻閱世界史教科書，因為實在很容易會忘記。

我每天都會讀世界史教科書，在過程中，我逐步儲存知識，閱讀的速度也漸漸變快。後來就衍生出「零秒閱讀」的讀書方法了。然後，到了正式考試的那一天，我就像「零秒解答」的狀態一樣，馬上就能想起相對應的教科書內容，因此在第一次的共同測驗中拿下高分，東京大學的第二次測驗也及格了。

雖然我叨叨絮絮地說了很多自己的回憶，但如果我沒有從中發覺到「回想」的重要性，並且直到最後都選擇逃避，那麼我想我是不可能考上東大的。儘管一開始很痛苦，但請你務必現在就開始施行「零秒測驗」。

加快讀書速度的筆及釘書機

「零秒測驗」最痛苦的階段只有剛開始的那陣子而已，一旦能和現實狀況接軌，那麼之後就會變得相當輕鬆。

不管怎麼說，能夠讓我們腳踏實地努力看書的，並非茫然地陷入「感覺好像都忘記了」、「說不定其實自己根本什麼都不懂」之類的不安狀態，而是好好地看清事實。

更何況，「零秒閱讀」的明確目標，就是在正式考試當天讓自己能達到「零秒解答」的狀態，因此只要能夠徹底捨棄傳統的讀書方式，採用「高速大量循環」的讀書技巧，大腦就會確實地記憶與理解。

藉由「零秒測驗」的施行，可以讓你每天都確切地感受到自己的進步程度。這是你的大腦真的記憶與理解了，才會有的成果，跟過往那種「看了幾頁考古題」、「（認為自己）記住了這個範圍的所有內容」之類曖昧不清的成果可是大不相同。

每天都感到自己在進步，也就是「持續在前進」的感覺，一旦能跟讀書的實際狀態結合起來，還能讓整體速度變得更快。

為了讓這種「持續在前進」的感覺變得更強烈、更確實，我有一個極為推薦的方法。

看考古題的時候，若遇到「理所當然應該知道」的部分，也就是一看到問題馬上就能有所反應的級別，**總之就是已經達到「零秒解答」的狀態，記憶與理解都非常牢靠，那就用「麥克筆」之類的書寫工具將其劃掉。**

當然，若距離正式考試還有一個月以上，切勿太過大意。因為到時候會有記憶變得模糊不清的危險，所以有必要多加小心，對於那些部分千萬不要自信過頭。

然而，進入考試倒數不到一個月的階段之後，就可以開始透過「零秒測驗」來將那些「理所當然應該知道」、馬上就能做出反應，覺得已經充分達到「零秒解答」的地方，開始一一消掉。藉由消除的動作，能讓自己的現況「具象化」，也更容易掌握自己的學習進度。

如此一來，隨著消去的部分越來越多，讀書的速度會變得越來越快。

假設你所消除的部分是以跨頁為單位，那麼可以用釘書機把它們釘起來，因為那幾頁已經沒有再次翻閱的必要。況且把時間用來翻頁也算是一種浪費。

「麥克筆」之類的書寫工具應該很多人會使用，但會在讀書過程使用釘書機的人我想應該是少之又少。然而這麼做不僅能讓頁數變少，還可以讓人專注在尚未搞懂、尚未記住的部分，並且更進一步讓讀書速度加快。

如果我們把「在正式考試前把所有頁數都釘起來」設為目標，那麼每一次用手翻頁的真實感，就會提醒我們自己的現況，這可是最顯而易見的回饋了。透過這樣的作法，能帶動整個學習的狀態。

目標與現狀，還有兩者之間的差距，都在這個過程中變得更清楚了，這就表示應該要努力讀的部分也相當明確，速度當然可以漸漸加快。

不過，對於記述類或申論類的題目，我們在記得講義內容的情況下進行「零秒測驗」同

要看的部分減少，可以好好面對還沒搞懂的地方

以範例來出題的問題類型，必須要確實讀過問題內容，但卻沒有必要背下來。如果你可以很快就跟應該要掌握的知識串聯起來，那就可以用筆劃掉。

一看就馬上可以判斷「這根本就是常識啊！」這種常識類型的知識可以劃掉。

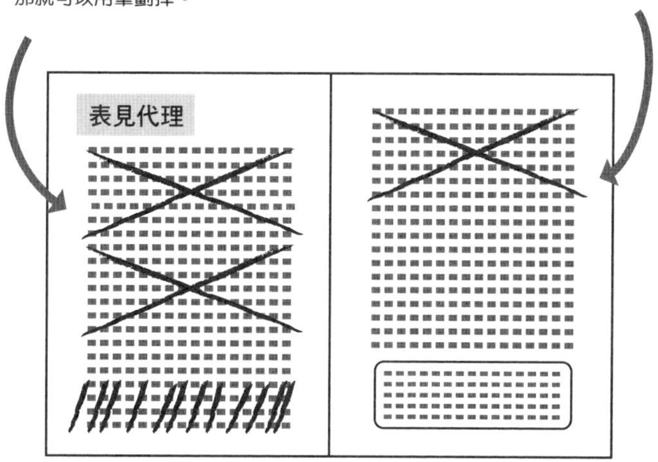

當所有知識都已經成為常識，就用釘書機把頁面釘起來。

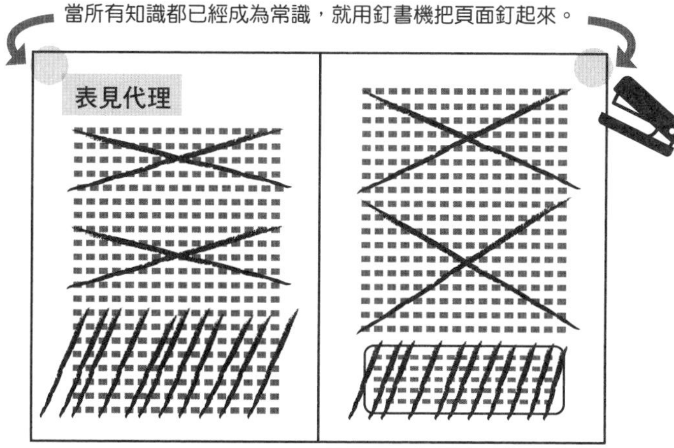

時，必須在腦海中一邊翻頁一邊確認自己能不能回想起來，因此不建議採行用筆劃掉、用釘書機釘起來的作法。

因為如果這樣做，你可能會變得無法在腦海中看到書頁，甚至無法進行翻頁動作。所以在這種情況下，用筆劃掉、用釘書機釘起來的方法就不建議使用。

因為「零秒閱讀」，所以做得到「零秒測驗」

順帶一提，本書的責任編輯曾問我一個問題：「假設無論如何都沒辦法做到『零秒閱讀』，或是不管怎麼做就是學不會的情況，可以先從『零秒測驗』著手嗎？」

的確，「零秒測驗」只是單純的回想而已，而「零秒閱讀」卻是在學會之前必須要先建立一定程度的習慣，因此我想相較之下「零秒測驗」是簡單許多。在讀書的時候使用傳統的方法，也就是「為了搞懂而一字一句慢慢讀」，然後再以「零秒測驗」確認自己的程度，這樣的作法的確存在。

然而，就是因為有「零秒閱讀」這種「不勉強自己讀懂」的方式，所以才會產生「零秒測驗」，也就是說，「零秒閱讀」與「零秒測驗」是一套的。

我的意思是，傳統的學習方法，就是抱持著「為了搞懂而一字一句慢慢讀」的想法讀書學習，所以要整個看過一遍需要耗費相當長的時間。

若是投入了滿滿的時間與心力，但卻得到「這裡不了解、那裡記不住」的結果，心裡難免會感到失望，這麼一想真的有些可怕對吧。

有很多人在讀完全部的範圍之後，會察覺到自己忘記或是還沒理解的部分，但奇怪的是，大多數的人都會不自覺地選擇不去面對，我想原因就是因為害怕吧。

所以說，無論是考古題還是講義，都還是採用「零秒閱讀」的方式跳躍閱讀吧。因為傳統的作法，無論如何都得耗費許多時間與心力，後續透過「零秒測驗」發現自己根本沒記住，恐怕會失望到不行。

根據「零秒閱讀」的作法，確認自己到底記得多少、懂了多少的「零秒測驗」，門檻將會大大降低，做起來會變得相當輕鬆。

事實上，反過來也是可以成立的。

根據「零秒測驗」的作法，可以確切地掌握自己不記得的地方，以及還沒搞懂的部分，所以一定能夠發現傳統的「為了搞懂而一字一句慢慢讀」的方式，效率有多麼低落。

另外，大腦的學習原理是「模模糊糊地把大部分的東西都記下來」、「在不斷重覆的過程中，慢慢地讓自己了解並記下來」，只要體驗過就會知道。

如此一來你就會知道，透過「零秒閱讀」高速大量循環的讀書方式，是最有效率的方式了，而且是真的能夠付諸施行的方式。

基本上，不管是「零秒閱讀」，或是「零秒測驗」，只要施行了其中一個，另外一個做起來就會格外簡單。所以選擇哪一個都可以，多多少少讓自己開始動起來吧。只要能夠開始一點一滴地進行，最後一定可以讓自己做到「零秒閱讀」及「零秒測驗」。

一開始就算想不起來也不必太失望

一旦開始運用「零秒測驗」，就不得不面對「自認為都懂了」的自己，以及「根本就沒背起來」的自己，所以初期一定會很難受，這我在前面已經分享過。跨越這個初期的階段，是非常重要的一件事。

為了做到這一點，秘訣就是「把焦點放在已經理解、已經記得的部分」。

試著做一次「零秒測驗」你就會知道，背不起來會讓自己的信心不知不覺喪失，為了不要信心盡失，初期最好把焦點放在已經理解以及記得的部分，儘管可能還不多。

說得更具體一點，就是先問問自己：「我已經理解且記得的那些少少的部分有哪些？」

我們都有一種傾向，就是會不知不覺把焦點放在不懂以及不記得的部分。

的確，我們懂的、記得的，或許真的沒有想像中那麼多，但至少還是有些已經理解、已經記牢的東西。將注意力轉移到這個部分，讓自己知道已經理解及記得的知識確實存在，並聚焦在這上頭。

當然，那些不懂的、記不得的部分，還是會如影隨行，讓你感受到它們的存在，這時就要好好運用「零秒閱讀」，重覆進行讓自己能夠記憶與理解。

如果你聚焦在那些不懂及不記得的地方，就會產生「為什麼我的記憶力會這麼差」、「要是我可以再聰明一點就好了……」之類的抱怨，像這樣把時間用來傷春悲秋，確實就沒辦法好好讀書了。

有努力讀書，通過考試的可能性就比較高，這是理所當然的事情，所以還是把焦點放在已經懂了、已經記得的部分吧。經常問自己：「我已經理解且記得的那些少少的部分，到底有哪些呢？」並讓自己養成習慣，同時請讓這樣的習慣與「零秒閱讀」的回想習慣組成一套。

我把「聚焦在已經懂了、已經記得的部分」這個思維模式，稱之為「加分思考」。拙作《及格的思考》（合格る思考、すばる舍）之中，對此有詳細的解說，欲知詳情請自行參閱。

比起回頭再看一次，讓自己回想起來的效果會更好

只不過是讓自己回想起來而已，為什麼會帶來如此高的成果呢？

事實上，根據最新的認知心理學研究結果，我們可以得知，自己回想起講義的內容，會比一味重覆閱讀的學習效果要高出許多。

統整認知心理學研究成果的重要著作《超牢記憶法：記憶管理專家教你過目不忘的學習

力》（使える脳の鍛え方／彼得・布朗等共同著作）之中，有以下這段敘述：

「透過不斷重覆地回想，可以讓知識與技術在記憶裡深深扎根，並且像反射動作一樣呼之即出，也就是在思考之前，大腦就已經做出反應。」

回想，跟記憶的強化有相當緊密的關聯性。

回想的這個行為，並非只是單純地把腦中的記憶呼喚出來而已。根據最新的研究顯示，當我們在進行回想的時候，等同於是在進行記憶的再造。

也就是說，當我們進行回想時，相關的記憶都會被召喚出來，並且重新互相串聯結合，再次變成記憶。

在這個過程中，每次的回想都是一次新的學習，也可以說是讓記憶更加強化。說這個方法是「面對考試最強的讀書技巧」一點也不為過。「零秒測驗」本身就是一種強化記憶、深化理解的讀書技巧。

反過來說，「零秒閱讀」也可以轉變成「零秒測驗」，那是因為**「讀書」這個動作，事實上就包含了「回想」**。

好比說現在正在閱讀本書的你，其實也在做「回想」的動作。

「閱讀」＝「看見」＋「回想」

那麼，我再仔細地深入說明一下吧。

現在的你，正聚精會神地看著這本書。雖然你正在看的是「正聚精會神地看著這本書」這句話，但想必在看到這句話之後，你的大腦一定會浮現某些畫面，或是其他的語彙。

也就是說，你會一邊回想著相關聯的記憶，一邊理解及思考我所寫的句子。「閱讀」＝「看見」＋「回想」。

照著這樣的思考邏輯，我們幾乎可以說是經常都會從資料庫（知識、經驗、記憶）之中，回想起某些內容，無論是看到些什麼、聽到些什麼，或是感覺到些什麼，都是如此。

當下我們並沒有真的看到、聽到或感覺到那些事物，只是因為我們回想起大腦中已然存在的資訊，並且將之串聯活用，所以才會看到、聽到或感覺到。

在你察覺之前，「回想」已經開始運作

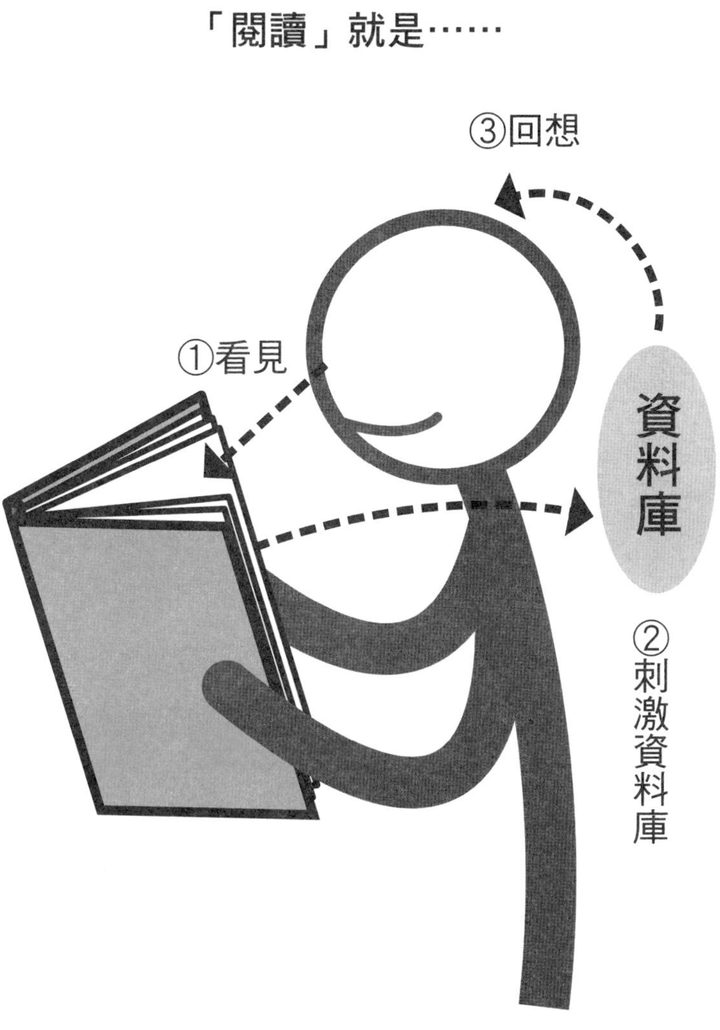

其實基本上，不只是在認識事物的時候如此，就連你在理解某些內容時，「回想」也是不可或缺的。

意思就是，在你對於某件事物覺得自己「搞懂了」的時候，其實就是你所搞懂的事物，以及你自己本身已然理解的知識之間，產生某些連結。

當你試著想要搞懂某件事，並且認為自己「搞懂了」，必然是因為你回想起自己所擁有的知識、經驗及記憶。

更進一步來說，所謂的思考，就是不停地回想起自己所擁有的資料庫，並且在資訊浮現的過程中，探尋串聯的節點，讓事物能夠彼此連結起來。

就這一點來看你應該就能夠了解，我們要認識、理解某一項事物，甚至是思考本身，與「回想」可以說是有無法切割的關係。

正式考試，是以「可以回想起多少」一較高下

在「零秒測驗」的最後，就讓我們一起來看看「回想」與考試之間的關係吧。

首先，請試著想像一下考試當天的情景。

在看試卷的題目時，大腦理所當然就會同時進行「回想」。為了正確回答該問題，我們想必都會不停地回想所有必要的知識。如果可以順利在規定的考試時間內全部想起來，應該就可以答對大多數的題目，這麼說一點都不誇張。

當然，考試的題目不會跟讀書的內容完全相同，所以我們不僅要仔細回想，還必須得進行「思考」，**但是不管怎麼說，「回想」終究是最大的前提**。

說起來辛苦讀書這件事，就是在正式考試當天能夠順利「回想」起自己所做的準備。就連開始準備考試，我們努力讀各種考古題以及講義，也一定都會伴隨著「回想」這個動作，某些詞彙或印象會在我們腦海浮現。

只是，剛開始準備考試的時候可以回想起來的數量不多，甚至會回想起錯誤的資訊，速度也一定相當緩慢。

準備考試的真髓，就是訓練以及修正我們的回想能力，讓我們能夠大量、正確且快速地進行「回想」。就這個觀點來看，準備考試可說是以「回想」為起點，並以「回想」為終點。

第 5 章

零秒立讀

無論何時何地，立刻就能開始讀書

「進入讀書狀態」時間為零秒

第四個「零秒」，也就是最後一個重點，即為「零秒立讀」，意思是「進入讀書狀態的時間是零秒」，**等於就是當你想著「開始讀書」的瞬間，大腦就已經開始記憶。**

那麼，你的狀況如何？

可以在想著「開始讀書」的下一秒，立刻就讓自己進入狀況嗎？

如果你的答案是「ＮＯ」，恐怕你得增加更多讀書的時間，才有可能讓自己讀更多。

「話雖如此，但如果不把考古題或講義打開，要怎麼讀書呢？」

你應該會這麼想吧。

那麼，你可以把考古題和講義打開的時間，盡其所能地壓縮到零秒嗎？

是不是有辦法在心裡想著「要開始讀書了」，瞬間就把書打開呢？

「不，根本就不可能。因為我必須要先到書房才行，即使人在外面，也得先進入圖書館或是咖啡廳，並且從包包裡面把書本拿出來。」

可能有人會給我這樣的答案。

這一路說下來，你是不是已經意識到，我想說的是降低讀書的「前置時間」與「準備時間」到零秒這件事呢？

只要在這一點有所突破，就會發現大部分的人都很喜歡一邊說自己「沒有時間讀書」，一邊平白浪費時間，而不去做必要的努力、不去下更多工夫。

在現今的社會裡，應該幾乎沒有一個人會說自己時間夠用，而且日子過得相當悠閒吧。因為無論是哪一家企業，全都會把你已經所剩無幾的時間資源給一一奪走。你是不是也因為工作的關係而感到自己越來越忙碌了呢？

到各公司行號進行人才的培訓也是我的工作之一，以往在進行培訓時，每當到了午休時間，大部分的人都會悠閒地聊天談笑。然而現在的情況卻是，一到休息時間，大家就馬上把手邊的筆電打開，忙著處理漏看的mail，除此之外不作他想。

明明大部分的人都渴望早一步把工作完成，但不知道為什麼，面對讀書這件事，卻反而顯得悠哉悠哉的。

進入「讀書狀態」前的無謂浪費

的確，在談到讀書這件事情時，可能很多人的印象就是「慢慢來」。再者，應該也有不少人會覺得讀書就是要好好空出一段時間，然後坐在書桌前才可以。

可是，照這種說法，無論何時我們都不可能擠出看書或學習的時間。因為我們都只會越來越忙，而且近年來就連個人的空閒時間，也幾乎都已經被塞得滿滿的。

知道是被什麼塞滿的嗎？沒錯，就是智慧型手機。

智慧型手機啟動的時間很短；無論去到哪裡幾乎都可以帶在身邊的便利性；取得的門檻相當低等等，基於以上種種原因，讓智慧型手機得以一口氣填滿我們全部的空閒時間。不管是在家裡、在交通工具上，或是走在任何地方，隨時隨地都可以拿手機出來看。

更何況應該也有很多人會把智慧型手機運用在工作上。總而言之我們用來看書的時間已經變得越來越少。

生活在這樣的年代裡，我們可不能有「等到可以好好空出一段時間就看書……」「好想要有可以集中精神慢慢看書的時間……」之類悠哉的想法。

就連開始進入讀書狀態之後，事實上有許多時間也是會被拿來做些跟讀書無關的事情，因而無端被浪費。從此處著手，努力追求效率、提高效果，那麼準備考試的成果就會瞬間獲得改善。

為此，我們必須要好好檢視自己，從有了「開始讀書」的念頭開始，一直到實際進入讀書狀態為止，中間究竟歷經了什麼樣的過程。只要我們能夠一一檢驗、逐步改善，必定能夠做到最接近「零秒」的地步。

從以前到現在，你可能都認為讀書就是一種高尚的知識饗宴，從沒想像過原來其過程可以分解成這麼多步驟。

但我想只要你仔細思考一下，就會發現其實「自己被困在一個框架之中」。而且那個框架，根本一點道理也沒有。完全只是從小學以來的學校教育所賦予你的習慣。

只要突破這個框架，就一定能改善及縮短讓自己進入讀書狀態的過程。

現在這個瞬間，無法明確知道自己要做什麼

為了要讓自己馬上就能進入讀書狀態，到底應該做些什麼？該怎麼做才好呢？接下來我們開始進入重點。

首先，「雖然想要看書，但就是沒辦法馬上進行……」對於有類似想法的人，我有問題想請教。

「假設現在要你立刻就開始看書，那麼你在當下這個瞬間會做些什麼？要做的事情是很明確的嗎？」

「唔……」你開始思考了。很遺憾地我必須告訴你，此刻你已然出局了。像這樣陷入思考的時候，對於寶貴的讀書時間來講，就是形同一種浪費。

沒有辦法馬上就讓自己進入讀書狀態的人，都有幾個共通的重要原因。第一點就是，雖然說要看書、要看書，但具體來講到底要做些什麼，卻沒有一個明確的目標。如果在這個瞬

間，你能非常明確地知道自己該做什麼，那你的心裡就不會有任何困惑。立刻進入讀書狀態是辦得到的。

另外常會聽到有人說自己「不想看書，所以看不下去」，但其實大多數的原因並非不想看書，而是無法明確地得知自己當下到底要做些什麼。

美國有一個知名的時間管理法叫做ＧＴＤ（Getting Things Done），其最大的特色就是徹底且具體地讓自己明確知道該做的事是什麼。

比方說要跟山田先生聯繫，那麼為了完成這件事，就要明確地知道接下來該採取什麼行動。

如果說我們並不清楚山田先生的聯絡方式（電話號碼之類的），那就必須要先進行調查。接著，在聯絡上之後，為了清楚地傳達或交談某些內容，就得要先把重點整理好，並一一加以確認。

不過，雖然說要清楚地傳達，但實際上為此又該採取什麼樣的行動呢？可能應該要看一看過往與山田先生往來的資料，或是把重點寫在筆記上之類的。如果過往的資料並沒有整理起來，那可能就得先從尋找必要的資料開始著手。

就像這樣徹底地讓每一個後續動作都變得更加具體，若非如此，就無法真正展開行動。

無法啟動、光說不練的最主要原因，大多都是對行動本身的了解不夠明確。

在準備考試的時候，道理也一樣。沒辦法好好看書、沒辦法進入讀書的狀態，大部分的原因都是對於「當下這個瞬間倒底該做什麼事」並不清楚所導致。

三個「零秒」讓「零秒立讀」成真

那麼，我想問問你，你知道自己現在正在看什麼嗎？

可能你會在心裡嘀咕：「什麼嘛，就算你突然這麼問，我也……」

事實上，只要能好好施行前面章節所提到的三個「零秒」，你就會很清楚知道現在這個當下該做些什麼。

首先是「零秒解答」，也就是正式考試當天要讓自己達到的狀態。如果你的目標並不明確，那麼根本就沒必要去設定現在該做的事情。

因為我們揭示了「零秒解答」這個明確的目標，所以自然就能在這個瞬間為該做的事情踏出第一步。

為了讓自己能夠向前邁進，在此我們會希望能清楚看到「以目標而言，我們的現況如何」，以及「目標與現況之間的差距」。由於你接下來努力讀書的目的，就是為了弭平差距，所以不把兩者之間的差距看清楚，就沒辦法決定自己該下多少工夫。

那麼，要怎麼做才能得知自己的現況呢？

方法就是「零秒測驗」。透過「零秒測驗」的施行，你將可以正確掌握自己的現況，同時也可以明確得知現況與目標之間的差距，如此一來，該做些什麼就會越來越清晰。

弭平差距的作為、真正有效的讀書技巧，就是「零秒閱讀」。先讓自己針對想看的部分以及看得下去的地方，一直順順地往前看，不要想著要搞懂，當然也不要多加思考。就這樣重覆閱讀即可。

這樣一路看下來，相信你對於自己現在應該要做些什麼，感到越來越明確了。也因此，你將可以做到「零秒立讀」。

事實上，有個可以讓你馬上就開始讀書的方法，那就是等同於「零秒測驗」的「回想」。

你要把自己了解的、記得的，甚至是還不了解的、還沒記下來的……所有內如都回想過

為了自然而然地做到「零秒立讀」……

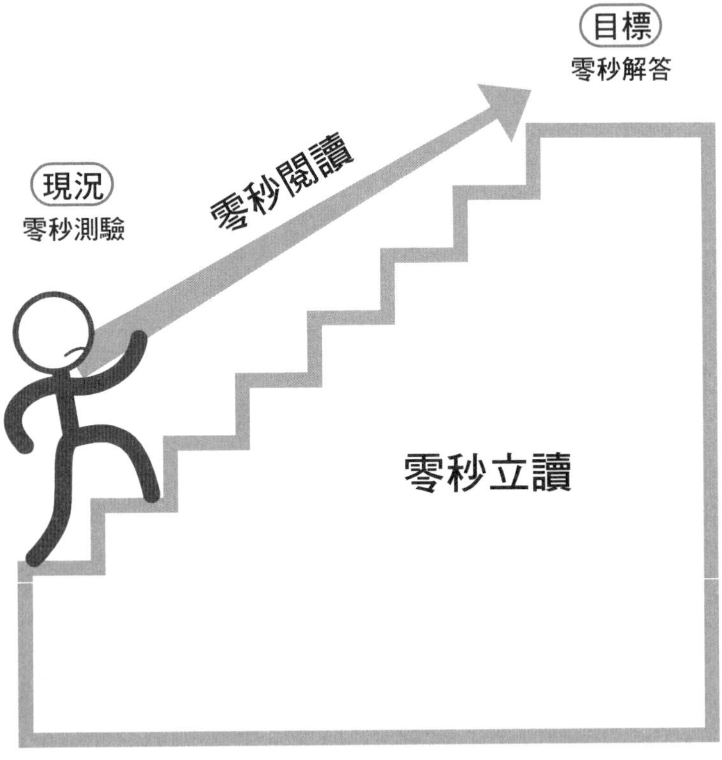

以「零秒解答」為目標，透過「零秒測驗」掌握現況與目標之間的差距，然後運用「零秒閱讀」來弭平差距。

一遍。

現在就立刻開始回想自己所看過或背過的考古題及講義吧。

即使手邊沒有考古題或講義，還是可以在當下馬上進入「回想」，對吧？

無論何時何地，都可以馬上進行「回想」

請試著想像一下考試當天的情況。基本上「回想」這件事，就是我們在考試當天該做的事情。

能在最短的瞬間想起答案，就是考試能不能及格的關鍵。意思就是正式考試的時候，我們做的事情就跟平常一樣。

當然，努力讀書是準備考試的過程中不可或缺的。然而「回想」本身就是一種練習，我們可以藉著經常想像正式考試的情況，來檢核自己是否能夠看到問題就馬上回答，也就是能不能作到「零秒解答」的程度。

所以首要之務就是讓你自己養成習慣——在想到「來看書吧」的瞬間，就開始進行「回想」。

即使沒有特別浮現「來看書吧」的想法，你也會自然而然地回想考古題及講義內容，若能做到這種程度，那你等於已經靠近及格一大步。

可能你會不安地想說「單純地回想真的能算是在讀書嗎？」但事實上你已經透過「回想」學習到越來越多東西。

這就要說到你感興趣的區塊。

比方說你的興趣是職業棒球，那麼你應該會觀看比賽、閱讀棒球相關的書籍，或是上網搜尋各項資訊。當你突然有了空閒時間，就算手邊沒有書本、電視，或是智慧型手機，但選手們的情報、比賽的結果，還有棒球的歷史等等，都會自然而然浮現在你腦海，你不需特別去回想或思考。

在這個過程中，你對棒球的記憶與理解，已經慢慢地深植你心。

常有人說：「喜歡才能做得好。」**其實在你所喜歡的領域裡，你自然而然就能做到「零秒立讀」，這樣的技巧同樣可以應用在開始準備考試的時候，尤其是當你沒辦法發自內心地湧出「努力看書吧」這樣的想法時。**

只要是你喜歡的領域，即使沒辦法馬上回想起來，也不會因此感到失落。當然更不會怪自己「記憶力真差」、「頭腦真不好」對吧？如果有這種閒功夫，應該會拿來用在讀書學習或是調查資料上。

當然，考試的範圍不見得是你所喜歡的區塊，所以可能沒辦法自然而然地開始「回想」。

然而，只要稍微能夠將「回想」＝「零秒測驗」放在心裡，並不斷重覆施行，漸漸地就能在想著「來看書吧」的同時，開始進行「回想」，也就是讓自己開始進入讀書的狀態。

不須要事前提升動力或動機

在此我想特別說明，「零秒速讀法」裡頭完全沒有任何方法是關於振奮士氣或激發熱情。那是因為實際施行「零秒速讀法」的過程中，動力就會自然被帶動起來。

你應該會想問：「什麼？這是什麼意思？」

要提升動力最好的方法，不是運用精神領域之中的各種心理學技巧來驅使，而是透過實際去看書來達到。進入讀書狀態，就能真正開始記憶與理解。

我想，在職場上道理也相同。只要營業額提升、利潤增長，或是自己的技術進步、工作有所成果，動力自然也就會跟著上揚。

相反地，當你開始有了「來提振一下士氣吧」，或是「問題就在於太沒熱情了」之類的想法，恐怕沒辦法把最重要的讀書做好。

結果不僅沒辦法好好讀書，記憶與理解當然也不可能做到，慢慢地越來越喪失動力，進而陷入惡性循環之中。

在「零秒速讀法」的觀念裡，不會產生像這樣的惡性循環。因為我們立刻就能進入讀書狀態，不管身在何方、不論時間早晚。

而且，大腦科學已經證實了讀書的確能夠提升我們的動力。大腦裡有個部位名為伏隔核（nucleus accumbens），目前已知當我們在讀書（或採取行動）時，就會刺激伏隔核活化，產生讓人幹勁十足的多巴胺。

就在持續進行的過程中，原本沒那麼喜歡準備考試，慢慢也會喜歡上的。

持續讀書，靠的是計畫，而不是毅力

就「零秒立讀」的觀念來說，努力提升自己的動力或熱情，並沒有辦法讓自己立刻就進入讀書的狀態。

倒不如說是越努力反而越做不到。

為什麼呢？因為即使我們再努力，也沒有辦法維持很長的時間。

的確，有些事情還是可以透過一時半刻的努力來達成。

然而，這就像是打算要用努力讀書來戰勝這場馬拉松一樣，壓根就不是治本的方法，頂多只能在一部分緊急的時刻派得上用場。

當你在回頭反思過往時，如果抱持著「下次一定要更努力」之類的想法，那麼幾乎可以說是在白費力氣了。

這樣的想法充其量也只不過是暫時的安慰，而且甚至還會讓人覺得「果然沒有辦法堅持努力到最後的我，是辦不到的啊……」請千萬不要落入這樣的想法之中。

其實你可以不用這麼做，有更加輕鬆，而且一定能得到成果的方法。那並不是要求你努力奮鬥，而是教你不要努力的方法；不是要你厲聲鞭策自己，而是在沒有任何激勵與責難的狀況下，仍能讓你持續前進的方法。

可能有人會想「少來了，不努力也未免太善待自己了吧。投入的心力太少都已經讓我很不滿意了……」但其實這樣的人反而是最不努力的。

那麼，輕輕鬆鬆就能得到成果，不需要太過努力的方法，究竟是什麼呢？

計畫的重點在於「降低門檻」

那個方法就是降低進入讀書狀態的門檻。

基本上「零秒閱讀」的重點，包括一開始只看大標、想看的地方，以及看得下去的部分等等，就跟降低門檻有所連結了。

如果你抱持著輕視的態度，認為「這樣的程度也未免……」那麼無論到什麼時候，你都還是會奮力讀書，門檻完全沒辦法降低。

就算只是稍微看了一點書，我們都會確實地進步一點點，而這也會讓門檻在下次看書的時候為之降低。

如此不斷反覆形成一個良性循環，我們就可以輕鬆地開始讀書，並堅持到底。

考試這件事是非常嚴謹而重要的，正式考試的成績就代表一切。所以為了確實在考試時拿到好成績，就讓我們一起努力累積能讓讀書變得更輕鬆的技巧，以及能讓效果更加提高、效率更加強化的技巧吧，就算只有一點點也沒關係。

讀書並不是單純的加法。**所有我們已然理解及記下的知識，都會是記憶與理解新的知識時最重要的基石，可以讓下一次的讀書變得輕鬆許多。總而言之，我們記憶與理解越多知識，讀書的速度就會變得越快。**

相信大家應該都聽過「複利的魔術」這個說法吧。

即使利息低到微乎其微，但只要是以複利計算，利息增加的程度就會讓人大感驚訝（不過如果像現今日本採取如此誇張的低利率，那狀況就沒那麼好了）。同樣的道理，極微小的差異，後續還是有可能帶來巨大的改變。

因為只要運用一點點技巧就可以，所以為了讓我們可以在幾近零秒就進入讀書的狀態，就一起努力降低進入讀書狀態的門檻吧。

只要稍微用點心，什麼樣的目標都能夠達成。接下來我將介紹幾個可以讓你馬上就進入狀況的方法，所以請你無論如何都要讓自己進入讀書的狀態，並且大步踏上通往「零秒閱讀」的道路。

投入一點點小小的心力來活用相關的技巧，自然就會產生些微的差異。而些微的差異又會變成巨大的改變，進而把你帶往及格的目標。

將厚重的考古題及講義分拆成薄本

首先，第一個現在馬上就可以做到的技巧，就是「把書拆開」。作法就是將考古題或講義的書頁散亂地拆開，然後透過重新編輯彙整，變成一本本的薄本，也就是透過物理性的方法降低進入讀書狀態的門檻。

比方說有一本多達五百頁的厚書，以及只有一百頁的薄書，哪一本會比較好拿呢？哪一本會比較容易翻頁呢？

毫無疑問地，肯定是選一百頁的那一本。

在準備考試的時候也是如此。哪一本會比較易於施行「零秒閱讀」呢？當然是一百頁的。

想要活用這個方法的重點，就在於「把書拆開」的技巧。

應該會有人心裡會想「但是，把書拆散真的好嗎……」因而躊躇不已。事實上在我的讀者或講座學員之中，也有非常多人聽了拆書的建議之後，遲遲沒辦法付諸行動。

的確，在過往的年代裡，書本是非常貴重的東西，必須要珍而視之地好好對待，因此我可以理解有人會因為舊時代的思維而感到猶豫。但是，現在時代已經大不相同。

況且考古題及講義等等，都只是讀書的工具。若是珍稀書籍或自己非常喜歡的書本，應該就會對拆開有所抗拒，**但為了讓自己讀書更加輕鬆，你大可以對考古題及講義等工具進行加工。**

說到這裡，如果心裡還是非常抗拒，可以把這件事想成是把書分冊。市面上所販售的考古題，也會依照科目來區分，而且同一種考試有時候也會分成好幾本。這個道理是相同的，你只要想成分冊是依照項目的不同而加以細分就可以。

我就是這樣，會用手劈哩啪啦地把書拆掉，對於小小的髒污則睜一隻眼閉一隻眼，把重點放在效率上。

倘若到最後你還是覺得「真的很抗拒」，那也可以使用美工刀之類的工具仔細地裁切書頁，然後用裝訂膠帶把每一本分冊都做得美美的。

在我的讀者之中，還有人是「利用熨斗將書背的膠水熔化之後再拆開」的呢，所以想要用什麼方法都可以自由選擇。只是，如果你太專注於分冊作業，結果壓縮到讀書的時間，這樣反而本末倒置，這一點請特別留意。

不管怎麼說，把書拆開的目的就是要降低讀書的門檻，因為這個技巧馬上就能加以運用，所以請現在就動手嘗試看看吧。

不過，拆書還是有缺點的。由於拆書作業是為了要分冊，所以等於列管的考古題書籍數量會增加。如此一來在想要拿書出來看的時候，就必須得要經過挑選，因而形成了時間上的浪費。

然而說到底，拆書分冊還是占有絕對的優勢，所以我還是建議大家第一步就先進行拆書

把書拆開變成薄本，能降低讀書的門檻

一本四百頁以上的考古題，無論是拿在手上，或是要翻頁，都相當辛苦……

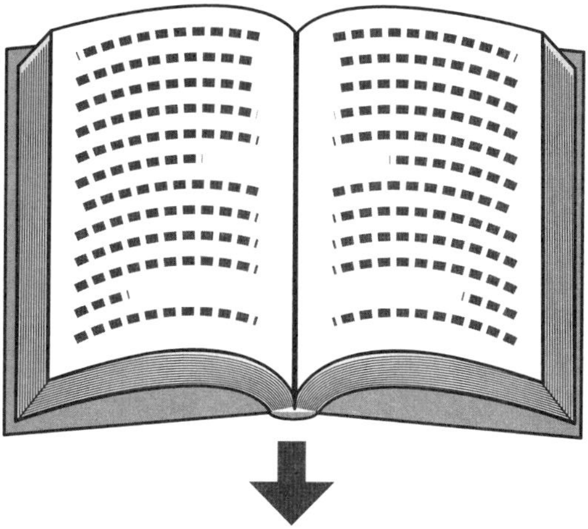

分拆成薄本

只是把書變薄而已，更輕鬆拿書、翻頁。

的作業。

等讀書讀到一定程度，對於所有內容都可以輕鬆翻閱，這時候，再把分拆的書恢復成原狀吧。

降低書本管理的麻煩，就等於是對「零秒閱讀」作出貢獻，這一點也請務必要記住。

粗大字體比細小字體好

在介紹第二個技巧之前，我可以進行一個簡單的實驗嗎？

請用細鋼珠筆或自動鉛筆等書寫工具，於紙上小小地寫下你想要背起來的專業用語。

接著用「麥克筆」之類筆畫較粗的書寫工具，大大地寫下同一個專業用語。

哪一個會比較易於閱讀呢？

或者是說，哪一個閱讀的門檻較低呢？

這兩個問題的答案，我想應該都會是又粗體字，寫得大大的那一個。

同樣一個專有名詞，會根據寫出來的樣子而帶來印象方面的落差。這個技巧沒有不拿來活用的道理。

我會建議大家在陷入「怎麼樣也搞不懂，記不起來」的煩惱時，立刻就在空白處大大地寫下該詞句，而且要寫得又粗又大。

因為考古題多少會有重複的地方，或是你覺得「這屬於常識吧，一定知道啊」之類的，即使刪掉也沒關係的部分，那就疊寫上去也沒關係。

在遇到易讀的名詞時，我們的大腦有把它想得很簡單的特性。為了要背誦下來，我們有必要重覆閱讀多次，但對於看起來很困難，或是我們不拿手的部分，就會想要逃避，因而沒有辦法一直重覆看。

只要把字寫得又濃、又粗、又大，就會產生大腦將其判定「這很簡單」的效果。

如此一來，那些詞句就會變得容易親近、容易回想，到最後也會變得很容易能夠記住。

就讓我們盡其所能地讓讀書變得輕鬆一點吧。

再者，那些寫得又濃、又粗、又大的詞句，看起來會相當醒目，就物理性的時間來講，讀書的速度也會提升，因此漸漸地效率會變得更好。

況且，粗大的字體一印入眼簾，肯定能立刻注意到，所以不管人在哪裡都可以讀書。

在電車或公車上當然可以讀書，即使電車上人潮擁擠、空間狹窄，也可以一手抓著吊環、一手拿著考古題看。

沒有「麥克筆」，可以用「魔擦筆」

可能剛開始的時候你對於「弄髒」考古題或講義會感到有些抗拒，但請當作是在作實驗，一點一點地逐步進行，在確認效果的同時持續運用。

不過，我想還是有人對粗筆感到相當排斥吧。有可能是因為個性的問題，或者是說把字寫得又粗、又濃、又大是很好、很醒目，但在電車之類的公開場合裡被別人看到，有人還是會覺得很不好意思。

只不過，有這麼好的方法卻不使用，總覺得很可惜。

在我的讀者之中，還是有人怎麼樣也沒有辦法讓自己用「麥克筆」之類的粗體筆在書

沒辦法記憶下來的知識，就粗筆寫下來吧！

①鎖定必須要記憶及理解的知識或重點，用粗線條圈起來使其更加清楚。

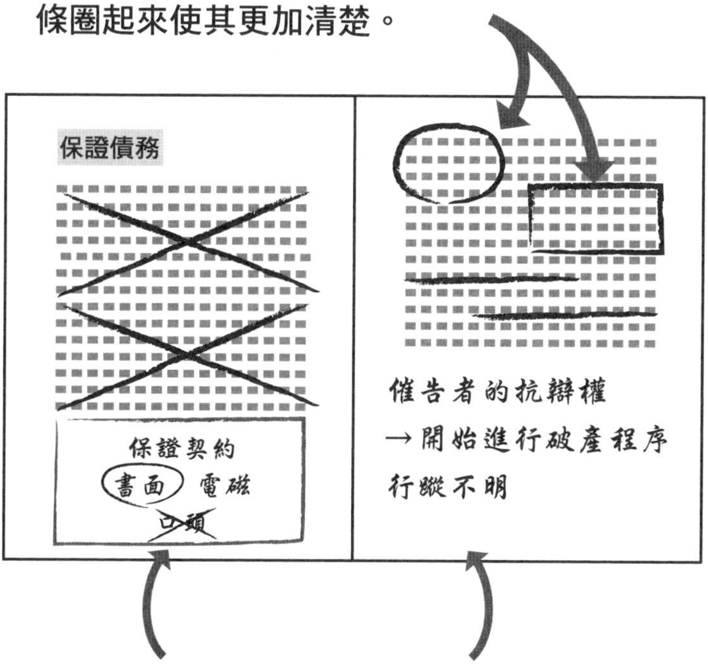

②用粗大的字體將不熟悉的詞句或知識寫在空白處，讓自己可以每次地看到就想起來、唸出來。

上寫字。**若要說到這樣的人該怎麼應對，其實他們可以使用最近常被用來當作「擦寫筆」的「摩擦筆」。**

因為隨時都可以擦掉，所以即使是不喜歡在書上寫字的人，漸漸地也可以做到這一點。

實際開始在書上寫重點，你會切身地感受到這麼做的效果。很多人實際試過發現，背誦的成果就連自己都感到吃驚，所有開始越寫越多。

也有不少人，原先對於在書上寫字感到猶豫，像這樣實際操作之後，反而後悔不已，因為覺得自己「為什麼沒有早一點這麼做」。這個技巧的效果就是如此讓人有感。

現在開始還來得及。你大可挑選對自己來說入手門檻較低的工具，所以還沒有這麼做的人，請先用「摩擦筆」之類的工具試著實際做做看吧。

隨身攜帶目錄彙整的小冊子

另外還有一個降低讀書門檻的超好用工具，那就是在「零秒閱讀」時也曾加以活用的東西，還記得嗎？

正確答案就是「目錄」。

因為目錄的頁數少，薄薄的，所以比較容易讓人能提起勁往下看。**而且目錄的字數少，字體相較之下又大上許多，所以如果只看目錄，是不是馬上就能讓自己立刻開始讀書呢？**

就難度偏高的考試來說，由於科目多、範圍廣，所以我們往往會在不知不覺間被龐大的知識量擊倒。考試的難度越高，我們越是應該快速讓自己進入讀書的狀態，並且好好善用時間。然而，由於心中不自覺放大門檻高度，所以真正要進入讀書狀態反而困難重重。

要降低這類高門檻的絕佳工具，就是「目錄」。針對活用目錄的技巧，我有一個建議，那就是「隨身帶一本目錄彙整的小冊子」。這是某個讀者，透過我研發的速讀法通過司法考試，所實際採用的方法。

具體的做法就是把考古題或講義的目錄部分拆下來，或是用影印的可以，然後用釘書機將這些目錄釘起來，裝訂成小冊子。隨時把目錄小冊子帶在身上，養成經常翻閱的習慣吧。

我在「零秒閱讀」的章節裡也已經說明過目錄的重要性，基本上把目錄記下來，等同於穩定骨幹，後續只要開枝散葉就可以。

而且，目錄也是施行「零秒測驗」時非常好用的素材。**把目錄之中所條列出來的大標，在大腦內轉換成問題，馬上就可以拿來問自己，當作即席測驗。**

這麼做可以讓你看清楚自己的現況，你是不是能順利地回想起來、描述出來，代表著你對該科目夠不夠了解、是不是都記得。

把目錄做成小冊子隨時帶在身上，光是這個小動作就可以一瞬間提升你的讀書密度。透過翻閱目錄來區分自己已經理解以及尚未理解的部分，還有已經記得以及尚未背好的地方，如果能做到這一點，那麼下一次讀考古題或講義的時候，專注力就會變得大不相同。

「考古題這麼多，該怎麼辦才好啊？」

「要準備的科目太多了，從哪一個科目開始才好呢……」

如果你容易因為龐大的學習範圍感到壓力，請一定要為自己做一本彙整目錄的小冊子。

換個角度來看，這也等於是把龐大的考試範圍全都掌控在手中的意思。製作出目錄小冊並隨時攜帶，就可以讓你看清楚準備考試的全貌。

不管資訊量有多龐大，只要能看清整體狀況，心裡就會覺得鬆一口氣，被擊敗的感覺也會煙消雲散。因為這個技巧具有心理層面的優點，所以特別推薦給要挑戰高難度考試（考試科目多、範圍廣）的人。

目錄印象記憶法

接著就讓我來介紹一個比「將目錄彙整成小冊子並加以活用」的方法，還要更能降低讀書門檻的技巧吧。

那就是直接把目錄背下來。**意思就是在自己的大腦中，製作一本彙整目錄小冊子。**

只要能夠背起來，那麼就連把小冊子拿出來的時間也可以進一步節省，幾乎就是想著「開始看書」的瞬間，就能立刻進入讀書狀態。

不過可能你會覺得「把目錄背下來一點都不簡單，這件事門檻也相當高」。

在此有個方法請你一定要嘗試看看，那就是「圖像記憶法」。我們人最擅長的就是藉由印象或場地來記住事物，我要說的方法就是好好活用這一點來背誦。

「我曾經嘗試過圖像記憶法，但結果慘敗……」我想應該有不少人會有類似的想法。事實上，圖像記憶法的使用方式如果使用錯誤，就讀書來講會有拖垮效率的危險性。

不過，**像目錄這類有一定範圍且非常重要的資訊，若能將圖像記憶法專注地活用於背誦，將能發揮相當大的效果。**

對於正在準備記述類或申論類考試的人，或是覺得必須要把考古題或講義的內容正確地背起來的人，我會建議他們用圖像記憶法來迅速地背下目錄。

我將這個方法稱之為「目錄圖像記憶法」，但因為本書篇幅的關係，很可惜沒有辦法詳細介紹。請參閱拙作《及格の技術》（日本すばる舍）、《『1分スピード記憶』勉強法》（日本三笠書房）、《3ステップ記憶勉強術》（日本實務教育出版）等書，學習實際的作法，並加以活用。

終　章

從「零秒速讀法」到「零秒工作法」

「零秒速讀法」是必須嚴格自我審視的讀書方法

這一路下來，我已經詳細介紹「零秒速讀法」，你覺得如何呢？

我想你應該能夠了解到，這是一個非常簡單的方法，並不需要具備什麼特別的技術或能力，關鍵就在於你自己有沒有想要使用而已。

只不過，雖然說方法簡單，但卻不代表在運用上也很容易。甚至可以說在剛開始的時候很難進入狀況。

那是因為**「零秒速讀法」，就是一個會讓你跟自己的真實狀況直接面對面的讀書方法。**

就像第四章的內容所說明的，零秒速讀法可以讓你明確地了解「考試當天應該具備的狀態」與「自己目前的程度」之間之落差。隨時嚴謹地將兩者之間的差距放在心裡是必要的。

另外還有一點，也就是上一個章節所提到的，由於這個方法不限時間、不限地點，當下立刻就能施行，所以你再也不能把責任轉嫁到自己以外的環境、旁人，甚至是自己的能力等等的原因上。

自己有沒有心要投入，就是一切的關鍵。所以這是個極為嚴謹，無法使用任何藉口的方法。

即使你心裡想著「沒有時間」，但其實在你準備開口抱怨的時候，只要想著「該看書了」，就可以馬上開始進行。

其他像是「我的頭腦很不好」、「記憶力跟其他人比起來相當差」、「可能是上了年紀的關係吧，現在變得很常會忘東忘西」……諸如此類的藉口也都常會聽到，但道理都一樣。暫且先不論那些藉口到底是不是事實，無論如何這都已經在無形中浪費寶貴的讀書時間。

如果將場景轉換到物品的製造現場，而非侷限在準備考試，應該更容易能夠理解。

比方說，請試著想像一下汽車在生產線上一台一台地組裝起來的情景。

置身工廠現場，只能一股腦地拚命做，雙手完全不能停下來。在那樣的狀況下，就不可能因為「沒有時間」或是「能力不足」而暫停腳步。那並不是一個可以讓你滿嘴藉口的地方，況且打從一開始就不允許。

當然，在物品的生產線上，還是會有必要的技術。只是說那些必要的技術，應該要盡可能用最簡單的方式讓人可以執行。透過實際在生產線上所累積的經驗，就能讓那些技術持續不斷進步，並且變得熟練。

準備考試的時候也是如此。更進一步來說，就連在辦公室裡頭所做的「動腦作業」之類的工作也一樣。

話雖如此，但不知為何我們還是會允許藉口一堆且停下腳步的事情發生。如果可以用物品製造的現場狀況來加以比照，就可以知道那樣的行為到底有多浪費。

準備考試這件事情，一直以來都像是深藏在黑盒子裡頭的「動腦作業」，而「零秒速讀法」不僅能讓它攤開在陽光下，還能讓你看清楚自己的思考及行為，進而徹底消除不必要的浪費。

書讀不好的人是對自己不夠了解

我們對自己的了解，在認知心理學上稱之為「後設認知」。「後設」的意思是將視角拉高到更高的次元，用高一點的角度來俯瞰自己本身。

在後設認知之中包含了所謂的「後設記憶」，這可以讓你知道自己對於某些事物是記住了，還是沒記住，以及了解自己記到了什麼程度。只要能建立好後設記憶，那麼在想要牢記，不想忘記某些知識時，自己就會知道該做些什麼。

對於記憶力很強的人來說，與其說是「記憶力很好」，倒不如說是「後設記憶很好」要來得更加正確。

後設認知力及後設記憶力的程度會因人而異，然而這是可以透過訓練逐步訓練起來的。可能有人也曾做過「大腦訓練」或「工作記憶訓練」。然而，在大腦訓練遊戲或各項訓練上做得很好，這樣的人，未必能在實際的讀書上展現成效。

因此還不如把「了解自己本身記憶與理解的狀態」當作出發點，以深入了解自己的「後設認知」、「後設記憶」為目標進行訓練。根據研究結果顯示，越是沒辦法好好讀書的人，越是會有過度自信的問題。由於過度自信的關係，對於必須要努力讀書的部分會懈怠，結果就沒辦法好好讀書。

那麼，該怎麼做才能夠深入了解自己的狀況呢？

其實道理相同，只要透過「零秒速讀法」的施行，就可以慢慢地得到答案。因為「零秒速讀法」會讓你時常藉由回想來面對自己，包含已經理解以及還沒搞懂的地方，還有已經記得跟還沒記住的部分。

一開始在察覺到自己有多少東西記不得、有多少內容沒理解，我想任何人多少都會感到有點失落。

但是如此認真地面對自己記憶的等級以及理解的等級，慢慢地就能消弭自己所預設的等級，與現實中的等級之間的差距。也就是你將會具備後設認知力與後設記憶力。

如果能這樣那就太好了。自己所期待的狀態與現實的差距其實很小，一點都不需要失望。情緒不會有所動搖，精力與時間也不會平白浪費，只要持續施行「零秒閱讀」，你就可以讓整體的速度更加提升。

與「PDCA循環」的共通點

「零秒速讀法」的特色當然就是「零秒」，**不過其背後的特徵則是從「零秒」所衍生出來的大量「重覆閱讀」**。

一開始在還沒習慣重覆閱讀之前，可能會耗掉不少時間，但只要養成重覆閱讀的習慣，就會帶來相當大的好處。

首先，大腦的學習原理就是「不斷重覆」，所以記憶與理解將能藉著學習不斷進步。

更有甚者，對於準備考試之外的事情也有好處。

我想，在工作上大家應該都常會聽到「執行ＰＤＣＡ循環」這句話。事實上施行「零秒速讀法」，等於就是大量且重覆地在執行ＰＤＣＡ循環。

所謂的ＰＤＣＡ循環，也被稱之為「假說驗證循環」，意思就是在不斷循環的過程中，讓假說變得更加完善。大量地在循環內重覆執行，藉以達到品質提升的目的。

在生產作業上，達人一點一滴用心投入，不知不覺就累積出經驗法則，讓整條生產線都顯得井然有序，這跟「零秒速讀法」真的非常相似。

總之，在非常具體地了解「要做的事情（要讀的內容）是什麼」之後，就能減少準備及安排的相關時間，並且無論何時何地，當下立刻就能開始讀書，讓產能一口氣向上提升。

跟學校的教育之類的過往經驗相比，你可能會覺得「零秒速讀法」不合常理。

但是，如果把它當作是一個生產流程，能夠讓你完成某件產品，而且品質好、效率佳，那你會怎麼想呢？

好比使用「麥克筆」之類的書寫工具，在書上寫下重點的技巧，最直接的效果就是減輕大腦的負擔，同時讓讀書變得更加輕鬆，這不就是在準備考試這項「工作」上，讓產能向上提升的改善作為嗎？

從這個角度來看，你應該能了解「零秒速讀法」不僅非常合理，而且還是產能相當高的方法。

習慣「零秒閱讀」，連帶提升工作效率

企業顧問之類的專家，非常了解自己的時間價值以及自身的產能，因此日夜都會專注於如何能讓自己的工作執行得更有效率、成效更好。

這些顧問們最重要的思考邏輯，也就是大多數經驗豐富的顧問，或是顧問管理公司的頂尖人物，都在倡導的一種能力，就是「假說思考法」。

所謂的假說思考法，就是在分析問題並加以解決的過程中，杜絕盲目地調查及思考，

而是盡可能地在一開始的階段就建立「理當如此」的假說，然後以此為出發點進行情報的蒐集。

如此一來，不管是在蒐集情報的時候，或是在進行思考的時候，都有主軸能夠依循，所以在工作時的效果非常好、效率相當高。

應該有人會對假說思考法抱持著批評的態度，像是「假說如果錯誤該怎麼辦？」「光是蒐集符合假說的資訊就夠了嗎？」之類的。的確，這些都是非常重要的關鍵，我們自己也必須要有所自覺。

然而，比起盲目地調查及思考的方式來說，建立假設之後再開始執行工作，效果會更好，而且是最有效率的方式。

當然假說還是有可能會出錯。因此我們要將時時刻刻謹記「假說驗證（PDCA）循環」，並在這個循環中多重覆執行幾次。我們要在驗證假說的過程中找出正確答案，而非打從一開始就去找尋正解。

「假說思考法」能夠提升你的工作能力

「假說思考法」其實跟「零秒閱讀」非常相近。

比方說「零秒閱讀」會透過掌握整體狀況的方式來進行讀書，這就跟商務上先設立「假說」是一樣的道理。

在概略翻閱的時候，藉著「這本書大致上看來是在說這個主題吧」之類的想法來扣緊內容，而非一一深入學習所有的細節處。這等於就是建立「假說」。

「零秒閱讀」的概略翻閱，等於就是先行針對這本書的主旨或內容建立假說，然後再繼續往下看。

接著在不斷重覆閱讀的過程中，漸漸地越看越細，一邊不斷執行假說驗證循環，一邊確認假說是否正確。

在準備考試的時候運用「零秒閱讀」，可以藉此鍛鍊假說思考法，這對提升你的工作效率會有很大的幫助。**事實上，在我的說明會參與者以及讀者之中，能夠很快就學會「零秒閱讀」的人，有很多在工作上也能夠把假說思考法發揮得淋漓盡致。**

相反地，沒有辦法好好運用的人，也幾乎都覺得假說思考法很困難。即使是概略性地掌握及預測整體內容也沒關係，但他們就是做不到。

假說思考法也是如此，施行方法很簡單，但卻不是任何人都可以立刻就上手。這是因為在建立假說的時候，等於就是做出一個決定，因此必須要有所覺悟，所以會引發不安。

與假說思考法相對應的是「網羅思考法」，意思就是想要用全面網羅的方式去蒐集資料，不管多細微、多零碎都不放過的思考模式。避開會明確將結論化為語言文字的假說，總之就是一股腦調查資料、蒐集情報的模式。

運用這個方法乍看之下會讓人覺得好像工作得很認真，甚至就連自己也很容易會陷入正在努力工作的錯覺，但實際上無謂的浪費非常多，而且工作上也不會有任何成效，甚至在調查的過程中還能獲得充分的休息。

其實「零秒閱讀」所否定的傳統閱讀方法，就近似於網羅思考法。因為感興趣而去閱讀的書籍，例如小說之類的，當然讀者可以根據自己的喜好慢慢地品味、慢慢地翻閱，但準備考試卻是分秒必爭的。

「總之要從頭開始依序認真讀書」、「如果遇到無法理解的地方，沒搞懂就不繼續往下看」……受到這些「表面」規則的束縛，讓這些想法成為自己追求安心感的基石，如此一來不管到何時，都沒辦法讓讀書有所進步，工作上也不會有進展。

然而對於運用「零秒閱讀」的人來說，即使以往不懂什麼是假說思考法，慢慢地也會對假說思考法越來越熟悉。

在準備考試的時候，「零秒閱讀」基本上是以預先知道明確的範圍，並且相關聯的事物較少的單純科目為對象。因此，比起必須在在不確定因素或關係者眾多的商業環境中訓練的假說思考法，門檻可以說是非常低，任何人都可以輕鬆進入。

能夠累積假說思考法的成功體驗，是非常棒的事情，哪怕只有一次，也可以讓你往「成功」的企業家跨出一大步。

「零秒速讀法」能夠提升你的工作能力

覺得如何呢？

客觀地觀察自己的「後設認知」；在確實執行工作的過程中，經常遂行改善策略的「PDCA」；提升思考的速度與品質的「假說思考法」……透過「零秒速讀法」的施行，可以訓練以上這些商業技巧，讓你的工作能力大幅提升。

其他像是「零秒解答」可以讓目標變得更加明確，還能從目標開始進行反向思考，倒著算出最短的路徑；而「零秒測驗」則可以讓你正確地掌握自己的現況，並且養成「回饋」的習慣。

從這些角度來看，「零秒速讀法」不只有在準備考試時能派上用場，還可以提高你的工作速度及品質，所以也可以稱之為「零秒工作術」，這一點我想你應該能夠理解。

同時，透過「零秒速讀法」，平常你所處理的工作，也不再只是一些「待辦事項」，甚至還可以視為讓你有所成長的「學習」。

優秀的企業家，乃至於優秀的公司、組織、團隊等等，都是在每天的工作之中持續學習，並且進一步獲得成長的糧食。

「零秒速讀法」不只能用在準備考試的時候，你的工作，甚至是你的人生，都能夠變得更好。因此，請務必在生活上充分活用。

後記
提升學習、工作及人生的CP值

「先不說工作上如何如何，至少我希望學習這方面能夠慢慢來。」

看完本書，可能有人還是會產生類似上述的想法。

的確，「以馬上就能回答題目的狀態為目標」（零秒解答）、「馬上就跳去看答案詳解」（零秒閱讀）、「馬上就能進行測驗」（零秒測驗）、「馬上就能進入讀書狀態」（零秒立讀）等等，這本書真的是關於「馬上執行」的閱讀方法。所以我能夠理解有人會想要「慢慢來」。

然而，為了讓大家能夠用珍惜的心態使用寶貴的時間，所以即使是「看書」，我也希望大家能夠認真看待，基於這樣的想法，我寫下了這本書。我想，不管多麼努力讀書，還是得不到回報，因而感到痛苦萬分的人，在社會上還是有很多。

我認為在學習或教育領域之中（運動姑且先不討論），很少討論「速度」或「快速」，更不用說是「產能」。

其實，學習或教育的「效果」，都是最難加以測量的。就算你知道記憶或理解是什麼意思，但在看了本書之後，相信你已經察覺到那些你以為自己懂，但卻還不懂的東西。再者，學習與教育也沒有辦法馬上就判斷對我們是否有幫助。

話雖如此，但因為準備考試時的範圍和目標都相當明確，所以本書仍舊清楚地揭示了讀書有很大的機會能像工作一樣，效率提升、產能躍進。

我會一直祝福你，希望你能夠藉由「零秒速讀法」，好好有效地使用珍貴的「時間」，並且「馬上」在你參加的考試中及格，以及未來的目標，你真正的人生目標，也能夠「馬上」就實現。

就像終章所提到的，「零秒速讀法」不只可以運用在考試的準備上，其他像是工作，或者甚至是學習成長等等，也都能夠用得上。讀書、工作，甚至是提高人生的產能等各方面，都請務必多多活用。

宇都出雅巳

*註：CP值，指「性價比」。CP值越高代表物超所值。

國家圖書館出版品預行編目(CIP)資料

零秒速讀法：打破「精讀」幻想，教你跳躍閱讀、高效率的讀書法! / 宇都出雅巳著；李喬智譯. -- 初版. -- 新北市：世茂, 2018.09
面；公分. -- (學習館；6)
ISBN 978-957-8799-33-2(平裝)
1.速讀 2.讀書法
019.1　　107010895

學習館6

零秒速讀法

零秒速讀法：打破「精讀」幻想，教你跳躍閱讀、高效率的讀書法！

作　　者　宇都出雅巳
譯　　者　李喬智　　責任編輯　李芸
主　　編　陳文君　　封面設計　YUN
出 版 者　世茂出版有限公司
地　　址　（231）新北市新店區民生路19號5樓
電　　話　（02）2218-3277
傳　　真　（02）2218-3239（訂書專線）（02）2218-7539
劃撥帳號　19911841
戶　　名　世茂出版有限公司
世茂網站　www.coolbooks.com.tw
排版製版　辰皓國際出版製作有限公司
印　　刷　世和彩色印刷股份有限公司
初版一刷　2018年9月

I S B N　978-957-8799-33-2
定　　價　300元

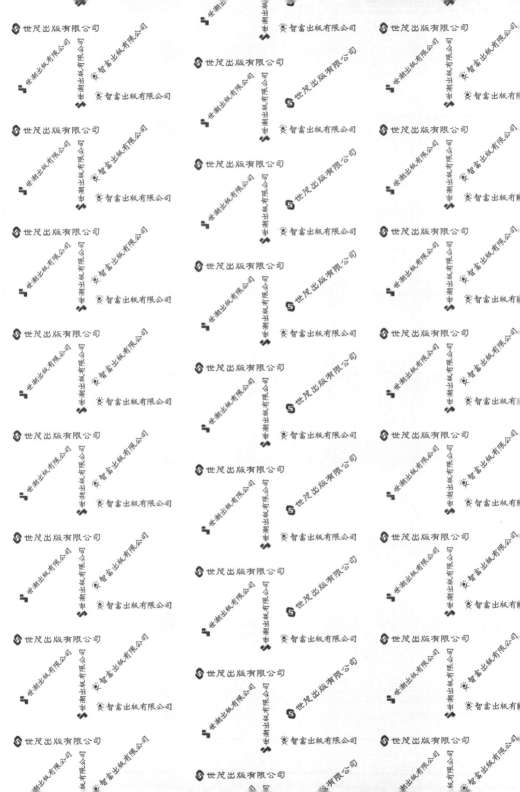